_____ 드림

나는 그렇게
살지 않기로
했습니다

Original Japanese title : "KOUARUBEKI"WO YAMENASAI
Copyright © 2018 by Hideki Wada
Original Japanese edition published by Daiwa Shobo Co., Ltd.
Korean translation rights arranged with Daiwa Shobo Co., Ltd.
through The English Agency (Japan) Ltd. and Danny Hong Agency.

이 책의 한국어판 저작권은 대니홍 에이전시를 통한
저작권사와의 독점 계약으로 경향BP(경향미디어)에 있습니다.
저작권법에 의해 한국 내에서 보호를 받는 저작물이므로 무단 전재와 복제를 금합니다.

와다 히데키 지음 | 정연주 옮김

경향BP

Prologue

이런 생각을 해 본 적이 있나요?

'상사가 부하의 모범이 되어야지.'

'엄마니까 가사도 육아도 제대로 해내야지.'

'한 번뿐인 인생이니 일도 놀이도 제대로 해야지.'

'언제나 긍정적으로 미소 지어야지.'

'누구에게나 사랑받는 좋은 사람이 되어야지.'

'규칙에 따라 항상 올바른 생활을 해야 해.'

여러분의 주변에 지금 말한 것처럼 두루 잘하는 이상적인 사람이 있나요?

어쩌면 그 사람은 '그래야 한다.'는 생각 때문에 괴로워할지도 모릅니다.

정신과 의사로서 수 년 동안 많은 환자를 접해 온 제가 확신을 가지고 말할 수 있는 것이 있습니다. 성격을 바꾸지 않아도 생각을 바꾸면 인생에서 어떤 일이 벌어지더라도 결과적으로 즐겁게 살 수 있다는 것입니다.

사람은 발생한 사건으로 인해 불행해지는 것이 아니라 발생한 사건을 어떻게 받아들이는가에 따라서 불행해질 수도, 행복해질 수도 있습니다.

너무 열심히 살아서 지쳐 버리는 사람, 언제나 스트레스를 강하게 받는 사람은 대체로 '그래야 한다.'는 생각에 사로잡혀 있습니다.

"남의 험담을 하지 않아야 한다."

"힘들다고 도망치면 안 된다."

이렇듯 우리 주변에 넘쳐나는 '그래야 한다.'는 예를 열거하자면 끝이 없습니다.

'그래야 한다.'에 사로잡힌 사람은 살아가는 모습이 갑갑합니다. 놀이가 없는 딱딱한 삶을 삽니다. 자기가 어떻게 살아가고 싶은지보다 '그래야 한다.'를 우선하기 때문입니다. 사실 더 유연하게 살아도 좋을 텐데 굳이 자신을 몰아붙이는 길을 갑니다.

저는 지금까지 사람의 심리에 대한 다양한 이론을 공부하고 실제로 많은 환자를 접해 왔습니다.

심리적인 문제로 고민하는 사람은 대부분 너무 성실한 노력파인 경향이 있습니다. 완벽주의에서 자유로워진다면 심리적인 문제에서 벗어날 수 있습니다.

스트레스를 받지 않고 인생을 자기만의 방식으로 살아가려면 '그래야 한다.'는 생각을 줄여야 합니다.

'그래야 한다.'는 생각을 하지 않으려면 생각 패턴을 바꿔야 합니다. 인생은 자기 생각대로 흘러가는 경우가 거의 없기 때문입니다. 그렇기 때문에 재미있는 것이지만요.

생각 패턴을 바꾸면 압박감에서 해방되고 마음이 건강해집니다. 스트레스에 짓눌리지 않고 행복하게 살아갈 수 있습니다.

행복하게 살고 싶나요? 그렇다면 생각 패턴을 바꿔 보세요.

삶은 훨씬 자유롭고 유연하니 한 번뿐인 인생을 자기 것으로 삼고 마음껏 즐기세요.

차례

프롤로그 — 4

1 '그래야 한다.'고 생각하지 말고 '그럴지도 모른다.'고 생각하세요. — 8

2 '진실은 하나다.'라고 생각하지 말고 '이것도 저것도 (그것도) 가능하다.'고 생각하세요. — 34

3 '하던 대로 해야지.'라고 생각하지 말고 '해 보지 않으면 모른다.'고 생각하세요. — 68

4 '다른 사람은 어떻게 생각할까?'라고 생각하지 말고 '남은 남, 나는 나야.'라고 생각하세요. — 102

5 '지금 해내지 못한다면?'이라고 생각하지 말고 '결론적으로 성공한다면 괜찮아.'라고 생각하세요. — 124

6 '완벽해야 해.'라고 생각하지 말고 '합격만 하면 돼.'라고 생각하세요. — 156

7 '그런 거야?'라고 생각하지 말고 '정답은 언제나 바뀌는 거야.'라고 생각하세요. — 184

8 '그런가 보네.'라고 생각하지 말고 '제대로 알아봐야지.'라고 생각하세요. — 204

9 '과거에는 어땠나?'라고 생각하지 말고 '지금은 어떤가?'라고 생각하세요. — 224

에필로그 — 242

'이 길뿐이다.'라는 것은 없습니다.
훨씬 유연해져도 좋습니다.

1

'그래야 한다.'고 생각하지 말고
'그럴지도 모른다.'고 생각하세요.

삶이 힘들어지는
생각 패턴을 가진 사람들

성격은 바꿀 수 없다

정신의학이나 심리 치료에서는, 사람의 성격은 바꿀 수 없지만 생각하는 방식이나 상황을 받아들이는 방식은 바꿀 수 있다고 합니다.

예를 들어 의심과 시기가 강한 남성이 있습니다. 그는 아내가 다른 남자와 대화를 나누기만 해도 바람을 피우려는 것이 아닐까 하고 의심합니다.

흔히 이렇게 의심과 시기를 하는 성질을 성격이라고 부르며 태어날 때부터 타고나는 것이라고 받아들입니다.

하지만 실제로는 살아가는 과정에서 경험한 것에 의해 생기는 면이 더 큽니다.

눈앞의 물잔을 보고 '반이나 남았다.'고 생각하는가, '반밖에 없다.'라고 생각하는가는 사물을 인식하는 방법의 차이여서 경험에 의하여 바뀔 수 있는 가능성이 있습니다.

애런 벡이라는 미국의 정신과 의사는 이러한 생각을 우울증 치료에 활용했습니다. 그는 원래 정신분석가였으나 알프레드 아들러의 영향으로 우울증 인지 치료를 확립했습니다.

벡은 비관적인 생각을 하는 우울증 환자에게 비관에는 근거가 없다는 점을 설명하여 우울증을 극복하게 만들었습니다.

사물을 받아들이는 방식을 바꾸어서 우울증을 치료한 것입니다.

대증 요법이 아니라 원인 요법이 필요하다

병을 치료하는 방법에는 원인 요법과 대증 요법이 있습니다.

대증 요법의 예를 들면, 감기에 걸려서 열이 나거나 기침을 하는 사람에게 기침을 멎게 하는 약이나 해열제를 처방하는 것입니다. 증상을 약으로 억누르는 것뿐이므로 대증 요법밖에 할 줄 모르는 의사는 실력이 좋지 않다는 평가를 받습니다.

이에 반해 원인 요법은 질병의 원인을 찾은 다음 그것을 개선하는 치료법입니다. 원인 치료를 할 수 있는 의사는 우수하다는 평을 듣습니다.

우울증의 경우를 예로 들면, 우울증에 걸린 사람이 불면증을 겪을 때 수면제를 처방하는 것이 대증 요법입니다. 대증 요법만으로는 근본적인 해결을 할 수 없어서 지금까지는 우울증 자체를 약으로 치료하는 방식이 이상적인 치료법이라고 생각해 왔습니다.

그런데 아론 벡은 우울증 환자에게 지금 가진 비관적인 생각에는 근거가 없다는 점을 이해시켜서 치료한다는 새로운 방법을 찾아냈습니다. 이것이 앞서 말한 인지 요법입니다.

그전까지는 비관이란 우울증으로 인한 증상 중 하나여서 그것을 교정하는 과정은 대증 요법으로 분류했습니다. 그러나 지금은 생각을 바꾸는 것이 약보다 근본적인 치료 방법이라고 생각하게 된 것이지요.

이분법 사고방식은 우울증에 빠지기 쉽다

벡은 우울증에 관한 연구를 진행하면서 우울증이 발생하기 쉬운 생각 패턴이 있다는 사실을 알아냈습니다. 그중 하나가 이분법 사고방식이라는 것입니다.

이는 사물이나 인간을 정의와 악, 적과 아군 등으로 완전히 분리하는 사고방식입니다. 일반적인 사람들은 '저 사람은 나에게 80퍼센트 정도는 우호적이지만 20퍼센트 정도는 적대하기도 한다.'라는 정도로 사물을 받아들이지만 이분법 사고방식을 지닌 사람은 그렇지 않습니다.

'그래야 한다.'고 생각하는 사람은
삶이 쉽게 괴로워집니다.

그래서 아군이라고 생각했던 사람이 조금이라도 비판을 하면 '저 사람은 100퍼센트 적이구나.' 하고 돌아서 버립니다.

또 한 가지, 우울증에 걸리기 쉬운 생각 패턴은 '이렇게 되지 않으면 안 된다.' 하고 미리 정해 놓는 것입니다.

예를 들어 '남자니까 마땅히 가족을 부양해야 한다.'는 생각이 너무 강하면 실업자가 될 경우 '나는 이제 살아 있을 가치가 없어.'라고 비관하며 우울증에 걸리기도 합니다.

또는 '간병을 다른 사람에게 어떻게 맡겨. 가족이 직접 해야지.'라는 생각이 강하면 일도, 간병도 둘 다 제대로 하지 못하고 퇴직하거나 도리어 본인이 병에 걸려 버리는 경우도 있습니다.

이런 경우, 생각을 바꾸면 우울증의 증상이 개선되고 쉽게 재발하지 않게 됩니다. 우울증을 예방할 수도 있습니다.

행복해지는 길은
하나가 아니다

우울증의 원인은 세로토닌 부족이다?

뇌과학과 인지과학을 혼동하는 경우가 많은데, 이 둘은 연구하는 방식이 완전히 별개인 학문입니다. 간단하게 말하자면, 뇌과학은 뇌를 하드웨어 면으로 연구하는 것이고, 인지과학이나 심리학은 뇌를 소프트웨어 면으로 연구하는 것입니다.

뇌과학과 인지과학이 혼동되어 온 것처럼 정신과학의 세계에서는 오랫동안 우울증이나 정신분열증을 하드웨어에 해당하는 질병이라고 생각했습니다. 뇌 내 신경전달물질의 이상으로 인하여 발생하는 것이니 전달물질의 이상 증상을 고치면 된다고 생각한 것입니다.

하지만 최근 들어서는 우울증에 관해서는 하드웨어 면의 질병이 아니라 소프트웨어에 해당하는 질병인 것 같다고 생각하는 사람이 늘었습니다. 예를 들어 기존에는 세로토닌이라는 뇌의 신경전달물질이 감소하면서 우울증을 일으킨다고 생각했지만, 이제는 우울증이 발병했기 때문에 세로토닌이 줄어드는 것이 아닌가 하는 것이지요.

그전까지는 세로토닌 부족을 약으로 치료하는 것이 우울증의 원인 요법이라고 판단했습니다. 하지만 사실 이것은 대증 요법에 해당할지도 모릅니다.

대증 요법은 임기응변 같은 조치라고 볼 수도 있습니다. 하지만 실제로는 약을 복용하면서 증상이 편해져서 사람이 가진 자연치유력이 높아지며 감기가 빨리 낫거나 하는 일이 종종 있습니다.

마찬가지로 우울증 약을 복용해서 세로토닌의 양을 정상적으로 만드는 대증 요법이 우울증 개선으로 이어질 가능성이 있습니다.

모리타 요법은 수단보다 목적을 중요하게 생각한다

우울증은 소프트웨어의 병으로, 그 치료에는 여러 방법론이 있습니다. 정신과 의사가 행하는 카운슬링도 다양한 유파로 나뉘는데, 그중 하나로 모리타 요법이 있습니다. 이는 일본의 정신과 의사인 모리타 마사타케가 창시한 신경증에 관한 정신 요법입니다.

모리타 요법은 기본적으로 아들러 심리학과 비슷한 면이 있습니다. 목적을 달성할 수 있다면 수단을 가리지 않으며 한 가지 수단에 집착하기 때문에 병이 생긴다고 생각합니다.

　전형적인 모리타 마사타케 치료법의 예로, 얼굴이 붉어지는 증상으로 고민하는 사람을 치료하는 방법이 있습니다. 얼굴이 붉어지는 것 때문에 고민하는 사람에게 모리타가 "당신은 어째서 얼굴이 붉어지는 것을 싫어합니까?" 하고 묻습니다.

　환자가 "얼굴이 붉어지면 사람들이 싫어해서요."라고 대답하면 모리타는 이렇게 말합니다.

　"그럼, 사람들이 좋아하기만 한다면 얼굴이 붉어져도 상관없겠네요."

　환자가 "이렇게 얼굴이 빨개지곤 하는 사람을 남들이 좋아할 리가 없지 않습니까?" 하고 반론하면 모리타는 이렇게 대답합니다.

　"제가 아는 사람 중에는 얼굴이 붉어도 남들에게 사랑받는 사람이 있고, 반대로 얼굴이 빨개지지 않더라도 미움을 받는 사람도 있어요. 그러니 얼굴이 붉어지는 증상을 치료하기보다 남들에게 사랑받는 법에 대해 생각해 봅시다. 예를 들어 화술을 연마하거나 언제나 웃는 얼굴을 유지할 수도 있고, '나는 좋아하는 사람 앞에서 말할 때는 쉽게 얼굴이 붉어져요.'라고 핑계를 대는 등 여러 방법이 있겠지요."

다른 방법은 얼마든지 있다

'그렇게 해야만 해. 그 길밖에 없어.'라는 생각에 집착하기 때문에 우울증에 걸리는 것입니다. 훨씬 유연하게 여러 방법이 있다고 생각하면 살아가기 쉬워집니다.

예를 들어 가이세이 고등학교와 도쿄 대학교를 거쳐 재무부 관료가 된 사람이 직장에서 실수를 한 탓에 출세 코스에서 벗어난 후, 그 때문에 괴로워하며 자살을 했다고 합시다.

그런 뉴스를 들으면 대다수의 사람은 "엘리트들은 좌절이라는 것을 모르기 때문에 안이하게 자살이라는 수단을 선택하고 만다."라고 말합니다. 하지만 저는 좌절을 몰랐던 탓에 자살하는 것이 아니라 그 밖에도 살아가는 길이 많이 있다는 점을 깨닫지 못했기 때문이라고 생각합니다.

가이세이 고등학교에 합격하지 못하더라도 다른 고등학교에 들어가서 도쿄 대학교를 목표로 삼으면 됩니다. 도쿄 대학교에 합격하지 못하더라도 재무부에 들어가는 길은 있습니다. 재무부에서 출세하지 못하더라도 대학교수가 되거나 외국계 기업으로 이직하여 고소득을 올릴 수도 있습니다.

행복을 최종 목표로 삼으면 얼마든지 방법이 있습니다. '행복해지려면 이 길밖에 없다.'라고 생각하는 사람이라면 아무리 좋은 대학교를 졸업하고 좋은 직장을 다닌다고 해도 머리가 좋다고는 말하기 힘들겠지요.

다른 방법이 있다고 생각하면
편하게 살 수 있습니다.

입시 공부로 머리가 좋아지는 사람과 나빠지는 사람의 차이

스스로 머리를 써서 생각하지 못하는 도쿄대생

도쿄 대학교에 합격한 학생 중에도 스스로 머리를 써서 유연하게 해답을 찾지 못해서 사회에 나온 이후 고생하는 사람이 많습니다. 스스로 공부하는 방법을 찾아내거나 선생님의 말을 거스르고 본인의 의견을 세우는 경험이 없었던 것이 제일 큰 원인입니다.

학교 선생님이 시키는 대로 아무런 의심 없이 공부를 했고, 우연히 성적이 좋았기 때문에 도쿄 대학교에 합격할 수 있었던 것뿐입니다.

이러한 상태를 개선하기 위해서 대학입시제도 개혁안이 나왔습니다. 지식의 양만 확인하는 기존의 학력을 부정하고 살아가는 힘을 몸에 배도록 만드는 것의 중요성을 강조합니다.

구체적인 제도 개혁안으로 센터 시험 대신 새롭게 대학입학 공통 테스트를 도입하여 각 대학이 개별적으로 채용하는 입학자 선발에서 논술, 면접, 프레젠테이션 등 다방면의 선발 방식을 선택하도록 합니다.

센터 시험에서는 답안지에 답을 기입하는 마크 시트 방식을 서술식으로 바꾸어서 수험생의 사고과정을 살펴본다고 합니다. 언뜻 보면 좋은 개혁인 것처럼 느껴집니다. 그러나 사고과정을 평가한다는 것에는 커다란 위험성이 내포되어 있습니다.

이러한 입시제도 개혁이 사고과정의 다양성을 가져온다기보다 오히려 일률적인 사고방식을 지니도록 만들어 버리지 않을까 우려됩니다.

정답만 구한다면 어떤 방법을 써도 좋다

원래 대학 시험에서는 정답만 맞히면 어떤 과정으로 문제를 풀어도 상관없습니다.

게다가 도쿄 대학교 이과 Ⅲ의 시험은 만점을 따지 못하더라도 70퍼센트의 문제에만 정답을 맞히면 합격할 수 있습니다. 여기서 문제 하나를 풀지 못한다면 그대로 내버려 두고 다른 문제를 푼다는 요령이 생깁니다.

'합격 기준점을 통과하기만 하면 뭘 해도 상관없다.'

이렇게 생각하면 의외로 기발한 접근법을 시도할 수 있습니다. 저도 수학 풀이 과정을 오로지 암기해서 적용하는 암기수학이라는 수법을 사용하여 도쿄 대학교 의학부에 합격할 수 있었습니다. 이후 이러한 공부법 덕분에 소위 말하는 이름 없는 학교 출신자도 대거 도쿄 대학교나 의학부에 합격할 수 있었습니다.

살아가는 힘을 체득하게 하고 싶다면 '정답을 맞히기 위해서는 어떤 방법을 택하더라도 상관없다.'고 가르치는 편이 효과적입니다. 더 나아가, 정답은 하나가 아니라는 것을 가르쳐야 합니다.

"대학입시에서는 이 해답을 정답으로 규정하지만 실제 학문에서는 다른 학설도 여러 가지로 제기됩니다. 학문의 정답은 결코 하나가 아니고, 정답을 외우는 것과 공부는 서로 다른 영역입니다."

선생님들이 이렇게 가르쳐야만 진정한 교육을 한다고 말할 수 있을 것입니다.

과정의 다양성을 가르치지 않은 채로 면접이나 논술로 평가한다면 결국은 수험생을 하나의 기준에 끼워 맞추게 할 뿐입니다.

더욱 좋은 테크닉을 찾아내자

입시 공부를 합격하기 위한 게임으로 받아들이고 임하는 사람과, 학교나 부모님이 시키는 대로 하는 사람을 비교하면 똑똑한 수준에서 심히 차이가 벌어집니다.

다른 방법도 있을지 모른다고 생각하며
다양한 방법을 시도해 보세요.

요령이 좋은 테크닉을 찾아내서 합격한 사람이 나중에도 유연하게 살아갈 가능성이 훨씬 높습니다.

그런데도 테크닉을 적당주의라며 바보 취급하는 풍조가 있는 이유는 무엇일까요?

테크닉을 경시하는 사람은 오직 하나뿐인 올바른 공부법, 딱 하나뿐인 정답, 오로지 한 가지 해법만 고집합니다. 결과적으로 삶 자체를 답답하게 만듭니다.

앞서 말한 바와 같이 행복해지는 방법은 얼마든지 있는데 가이세이 고등학교에서 도쿄 대학교, 국가 공무원이라는 한 가지 길에만 매달리고 맙니다. 그래서 이러한 과정이 잘 진행되지 않았다는 사실을 깨닫는 순간 삶 자체에 절망을 느끼고 마는 것입니다.

사람은 언제나 바뀔 수 있다

불순한 동기로 의사가 되려고 하다

저는 고등학교 시절에 영화의 매력에 사로잡혀서 '영화감독이 되고 싶다.'는 꿈을 꾸었습니다. 꿈을 실현하려면 돈이 필요하다는 사실을 깨닫고 영화 제작의 수단으로 돈을 많이 벌 수 있는 의사의 길을 목표로 삼았습니다.

말하자면 불순한 동기로 의사가 되고자 한 것입니다. 도쿄 대학교에 진학한 후에도 작가와 영화 촬영의 잡무 아르바이트에 몰두하면서 수업에 제대로 출석하지 않았습니다.

하지만 최소한의 공부를 하지 않으면 진급할 수 없었습니다. 그래서 시험이 다가오면 친구들에게 필기 노트를 빌리거나 시험 대비용 문제집을 받기 위하여 의학부 학생이 모이는 행사에 참가하곤 했습니다.

이미 그곳에도 제가 영화를 제작하기 위해 의학부에 들어왔다는 소문이 퍼져 있었습니다. 그 자리에서 한 학생으로부터 설교를 들은 기억이 있습니다.

"네가 영화에 푹 빠져 있다고 하는데, 너 같은 녀석이 의학부에 들어왔기 때문에 진지하게 인간의 생명을 구하고 싶어 하는 사람 하나가 의대에 들어오지 못한 거야. 그걸 아는 거야?"

듣고 보니 이치에 맞는 이야기였습니다. 당시 저는 "미안하다." 하고 사과했습니다. 그리고 어떻게든 필기 노트를 빌려서 진급을 했습니다.

인간은 얼마든지 바뀔 수 있다

그렇게 하며 저는 무사히 국가시험을 통과하여 의사가 될 수 있었습니다. 동기는 불순했지만 의사가 된 후에는 배움의 운이 좋았습니다. 우연히 선택한 노년 정신의학의 길은 경쟁자가 적었고, 임상에서 환자를 진단하는 일에 기쁨을 느끼며 열심히 공부하고 성실하게 일해 왔습니다.

세월이 흐른 후 예전에 저에게 설교를 늘어놓던 사람들을 만나 보니 어쩐지 그들이 변해 있었습니다. 제가 환자를 보기 위해 왕진까지 나간다고 말하자 바보 취급을 하는 사람도 있었습니다.

"어째서 도쿄 대학교까지 졸업하고서 임상의 따위를 하는 거야?"

아마도 교수가 하는 말을 곧이곧대로 들으며 엘리트 코스를 걷는 동안 의학부 교수가 되는 것이 전부이며, 임상보다는 연구가 훨씬 중요하고, 그 밖의 길은 보잘것없다는 가치관이 몸에 배고 만 것이겠지요.

이와 같은 경험에서 저는 의사가 되고자 하는 최초의 동기 따위는 아무래도 좋다는 사실을 깨달았습니다. '인간의 생명을 구하고 싶다.'는 동기로 의사가 되었는가 여부보다 실제로 사람의 생명을 구하거나 환자의 상태가 나아지도록 만드는 의사가 훨씬 뛰어난 재원이라고 생각합니다.

인간은 시간이 흐르는 과정에서 얼마든지 바뀔 수 있습니다. 좋은 선생님의 지도를 받으면 좋은 의사가 되고 시시한 선생님 밑에서 공부하면 출세에만 관심을 보이는 그저 그런 의사가 될 뿐일지도 모릅니다.

제가 의학부의 입시면접을 반대하는 것도 최초의 동기보다 입학한 이후의 학습법이 훨씬 중요하다고 생각하기 때문입니다.

입시면접에서 의지를 보이는 학생만 선발하면 된다는 발상은, 반대로 생각하면 교육 과정에서 의지를 고양시키는 의무를 방기하는 것으로 보이기까지 합니다.

다른 분야의 사람이 만든 영화라서 재미있다

처음 들어온 동기가 어쨌건 간에 사람은 언제부터건 성장할 수 있습니다.

예를 들어 정신과 의사인 제가 감독이 되어 영화를 찍을 경우, 일본에서는 의사가 심심풀이 삼아 만든 오락거리에 가까운 취급을 하고 평론가도 제대로 평가해 주지 않는 현상을 보입니다.

그들 입장에서 보자면 처음부터 영화 외골수로 활동한 감독의 작품만이 평가할 가치가 있다는 이야기겠지요.

그런데 해외 영화제에 작품을 출품하면 완전히 다른 취급을 받습니다. 해외에서는 정신과 의사가 감독한 작품이라는 점에서 반대로 주목을 받습니다. 정신과 의사만의 독특한 관점으로 감독을 했을 것이라고 기대하는 것입니다.

이론적으로 "넓은 시야를 가지세요."라고 말하는 사람은 많은데, 오히려 그런 사람들이 '그래야 한다.'는 자세를 취하기 쉽습니다.

'그래야 한다.'는 생각을 가진 사람은 동기에 집착합니다.

그에 반하여 '그럴지도 몰라.'라는 생각을 가진 사람은 동기를 일체 묻지 않습니다. 나중에도 얼마든지 궤도를 수정할 수 있다고 생각하기 때문입니다.

그럴지도 모른다는 생각을 가진 사람은
언제든지 삶을 바로잡을 수 있습니다.

다른 사람을 바꿀 수는 없지만
설득해 볼 수는 있다

말하면 통한다는 것은 새빨간 거짓말이다

요로 다케시는 베스트셀러 『바보의 벽』에서 말하면 통한다는 것은 새빨간 거짓말이라고 말했습니다.

『바보의 벽』에서 요로 선생이 대학 수업을 하며 그러한 사실을 통감했던 실제 경험담이 실려 있습니다. 한 부부의 임신에서 출산까지 이르는 과정을 기록한 다큐멘터리 방송을 보여 주고 학생들에게 감상을 묻자 남학생과 여학생이 전혀 다른 반응을 보였다고 합니다.

여학생은 대부분 "새로운 사실을 많이 들었다. 배울 점이 많았다."는 소감을 말했습니다. 이에 비해 남학생은 "보건 수업에서 이미 들은 내용뿐이었다."고 말했습니다. 같은 영상을 보았는데 남녀가 정반대의 감상을 늘어놓은 것입니다.

이러한 현상은 주어진 정보에 대한 자세의 차이라고 합니다. 즉 남성은 출산에 실감을 느끼지 않기 때문에 비디오를 보면서도 배우려고 하지 않습니다. 자신이 알고 싶지 않은 일에 대해서는 정보를 차단해 버립니다. 이러한 바보의 벽이 존재하는 것입니다.

긍정적인 가능성을 믿어 본다

다른 사람을 바꿀 수 있다고 생각하는 것은 망상입니다.

스스로를 바꾸는 것은 가능하지만 다른 사람을 바꾸는 것은 우선 불가능합니다. 그러니 상대방에게 철저하게 반박해서 자신의 생각에 맞춰 굴복시키려고 해 봤자 쉽사리 먹히지 않습니다.

하지만 상대방을 설득할 수 있는 가능성은 있습니다. 반대로 내가 설득될지도 모르니 밑져야 본전이라는 마음으로 상대방에게 의견을 말해 보는 것은 괜찮습니다. '그럴지도 모른다.'는 마음은 긍정적인 가능성에 적용해야 합니다. '그럴지도 모른다.'는 생각으로 위축되는 것은 아까운 일입니다.

물론 어떤 상황에서건 상대방에게 상처를 주는 말을 해서는 안 됩니다.

"이런 말을 하면 야단맞을지도 몰라."

"저런 말을 하면 분명 미움을 받게 될 거야."

이런 식으로 위축되기만 하면 기껏 생긴 기회까지 잃어버리고 맙니다.

미움을 받을지도 모르지만 어쩌면 상대방이 납득해 줄지도 모른다. 긍정적인 가능성을 믿을 수 있다면 일단 시험해 보는 것이 좋습니다.

이 세상에는 절대로 불가능한 일은 존재하지 않습니다. 상대방을 설득해 보는 것은 좋습니다. 다만 설득하지 못했다 하더라도 화를 내서는 안 됩니다. 혹시나 하는 가능성을 시험해 본 것뿐이니 '이런 설득법은 효과적이지 않다는 배움을 얻었다.'라고 생각하면 되니까요.

다른 사람은 내 마음대로 바꿀 수 없지만,
바꾸기 위해 도전할 만한 가치는 있습니다.

세상은 회색 지대에 속하는 일투성이다.
모두 다 맞다고 생각하면 편안해진다.

2

'진실은 하나다.'라고 생각하지 말고
'이것도 저것도(그것도) 가능하다.'고 생각하세요.

어른이 된다는 것은
세상은 회색 지대라는 것을 깨닫는 것이다

인지적 성숙도란?

심리학에는 인지적 성숙도라는 단어가 있습니다. 이를 설명하기 위하여 이해하기 쉬운 사례를 들어보겠습니다.

예를 들어 조금만 먹으면 약이 되지만 많이 먹으면 독이 되는 풀이 있습니다. 동물 무리 중 한 마리가 이 풀을 대량으로 먹고 죽어버리면, 해당 동물의 무리는 두 번 다시 그 풀을 먹지 않게 됩니다. 적정량이라는 개념이 없는 동물에게는 그 풀을 독으로 인식하고 가까이 가지 않는 편이 안전하기 때문입니다.

어린아이도 마찬가지입니다. 어린아이 또한 적정량이라는 개념이 없으므로 많이 먹으면 위험한 음식은 부모가 따로 보관하여 아이가 과식하지 않도록 주의를 기울입니다. 아이가 성장하여 사리

분별을 할 수 있게 되었을 때 부모가 "이건 많이 먹으면 독이 되지만 조금만 먹으면 몸에 좋단다." 하고 가르쳐 주면 아이도 제대로 이해하고 적당량을 먹을 수 있게 됩니다.

이처럼 분량의 개념을 이해할 수 있게 되었을 때 사람은 인지적 성숙도가 높아졌다고 평가할 수 있습니다.

마찬가지로 '흰색과 검은색 사이에는 회색이 있다.', '회색 중에도 진한 회색이 있는가 하면 옅은 회색도 있다.', '세상에는 명확하게 답할 수 없는 문제가 얼마든지 있다.'라는 점을 이해할 수 있는 것은 어른이 되었다는 뜻이기도 합니다.

텔레비전은 애매한 발언을 싫어한다

실제로는 많은 사람이 자기도 모르는 새 부적응사고에 빠져 있습니다. 그 원인 중 하나가 텔레비전입니다.

텔레비전 뉴스나 와이드쇼에서는 이해하기 쉬운 정답 한 가지만을 제시하려고 합니다. 예를 들어 살인 사건이 발생하면 원래 당사자가 아닌 제3자로서는 용의자의 동기를 추측할 수밖에 없기 마련입니다.

"A라는 가능성도 있지만 B라는 가능성도 있습니다. C일지도 모르지요."

저는 방송국으로부터 설명을 부탁받으면 여러 가지 가능성을 늘어놓습니다. 이와 같은 가능성을 몇 가지 정도로 상정할 수 있는 것이 전문가라고 생각하기도 합니다.

하지만 텔레비전은 애매한 발언을 싫어합니다. 어느 것이건 하나의 대답만 요구하거나 한 가지 대답만 잘라서 방송하거나 둘 중 하나의 태도를 취합니다. 이해하기 쉬운 내용이어야 할 뿐 실제로 어떤 대답이 나왔는지는 그다지 중요하지 않은 것이겠지요.

텔레비전은 한 번 정의의 편에 서면 철저히 떠받들어 주지만, 반대로 한 번 나쁜 사람이라는 딱지가 붙으면 용서 없이 비난하는 경향이 있습니다.

고이케 유리코 도지사가 어떤 취급을 받는지를 보면 쉽게 알 수 있습니다. 2017년 도의원 선거에서 대승리를 거두었을 무렵까지는 영웅으로 떠받들었습니다. 도지자 스스로 도의회 자민당을 악역으로 삼고 고이케 극장을 전개했으니 당연하다면 당연한 일입니다.

하지만 고작 몇 달 후 중의원 선거에서는 일변한 태도로 악당 취급을 받았으며, 직접 이끈 희망의 당은 참패하고 말았습니다.

텔레비전에서 나오는 말이 무조건 옳은 건 아니다

텔레비전 보도를 하는 사람들 입장에서 보자면 고이케 도지사가 성공하건 실패하건 상관없이 손쉽게 자극적인 뉴스가 되어 주기만 하면 상관없는 것이 아닐까요?

정답은 하나가 아니며
다양한 가능성이 있습니다.

그런 자세로 정보를 전달하는 텔레비전을 계속 보다 보면 부적응사고에 빠지는 것도 무리가 아닙니다.

어린 시절에 텔레비전에서 '공부만 계속 시키면 인간적으로 문제가 있는 아이가 된다.'는 식의 뉴스가 흘러나오면 부모님이 화면을 향하여 화를 내며 말씀하셨습니다.

"텔레비전에서는 저렇게들 말하지만 곧이곧대로 믿다간 나중에 후회하게 될 거야. 학력을 갖춘 사람이 당연히 절대로 유리하잖아."

다른 가정에서도 비슷한 대화가 있었을 거라고 생각합니다.

그런데 지금도 텔레비전이 하는 말을 액면 그대로 받아들여서 "북한은 100퍼센트 나쁘고, 미국이 정의다." 하고 말하는 부모가 많지 않나요? 인지적 성숙도가 후퇴하는 것 같다고 생각할 수밖에 없습니다.

자신이 옳다고 생각하는 것을
다른 사람에게 강요하면 안 된다

1분 지각에 격노하는 사람

자신의 정의에 집착하는 사람은 종종 다른 사람과 충돌하곤 합니다.

예를 들어 '사회인이라면 당연히 시간 약속을 잘 지켜야 한다. 약속 장소에는 5분 전에 도착해야 한다.'라고 생각하는 사람이 있습니다.

그가 동료와 역에서 만나기로 약속을 합니다. 역에서 만난 다음 함께 거래처로 향할 예정입니다.

그는 10분 전에 미리 도착해서 동료가 오기를 기다립니다. 하지만 동료는 좀처럼 올 생각을 하지 않습니다. 마침내 약속 시간이 지났고, 그는 슬슬 지치기 시작합니다.

약속 시간으로부터 1분 후에 동료가 종종걸음도 치지 않고 유유히 그가 기다리는 개찰구로 걸어 들어옵니다.

그가 짜증이 나서 투덜거립니다.

"왜 약속시간을 지키지 않는 거야? 1분 늦었잖아. 사회생활을 할 때는 약속 장소에 5분 전에는 도착해야 하는 거 아니야?"

동료가 대답합니다.

"5분 전 도착이 상식이라고 멋대로 정하지 마. 지하철에 사정이 생기면 1분 정도 늦을 수도 있지. 조금 늦은 건데 그렇게까지 말해야 해?"

결국 그는 분노가 폭발했고, 동료와 뜻밖의 말싸움을 하고 말았습니다.

부정당하더라도 '그것도 그러네.'라고 생각하라

가치관이 다른 사람에게 비판을 당하면 순간적으로 욱하거나 바로 말싸움을 시작하는 사람이 있습니다.

본인의 가치관을 부정당하는 것은 확실히 기분 좋은 일은 아닙니다. 자신의 의견을 정면으로 반박당하면 불쾌해집니다.

하지만 저는 그럴 때 '그것도 그러네.'라고 생각하려고 합니다.

'내 생각하고는 다르지만 그렇게 생각할 수도 있겠네.'

'한 쪽만 옳은 것이 아니라, 전부 옳을 가능성이 있어.'

이렇게 받아들이는 겁니다.

자신의 의견을 절대시하면 비판을 듣거나 부정당했을 때 화가 나게 됩니다. 하지만 냉정하게 생각해 보면 상대방의 주장에도 일리가 있습니다.

분노가 치밀더라도 감정을 내세워 곧장 반론하지 말고 일단 '그것도 그러네.'라고 마음속으로 중얼거려 보세요.

전부 옳다고 생각하게 되면 정색하지 않을 수 있습니다. 그러면 상대방과 충돌하는 일도 피할 수 있습니다.

자기 의견을 강요하면 상처를 줄 뿐이다

다른 사람에게 자신의 의견을 강요하는 것은 자제하는 편이 좋습니다.

남자아이를 키우는 여성이 오랜만에 재회한 대학 시절의 친구에게서 이런 말을 들었습니다.

"남자아이는 손이 많이 가는 데다 향후에 부모를 보살펴 주지도 않으니까 큰일이네."

그 친구는 딸만 있기 때문에 여자아이보다 조금 소란스러운 남자아이에 대한 편견이 있었습니다. 상대방에게 적극적으로 상처를 입힐 의도는 없었을지도 모르지만 본인의 의견을 주장하면서 상대방의 입장을 부정한 것입니다. 한마디로 말해서 쓸데없는 참견입니다.

　당연한 이야기이지만 남자아이 육아도, 여자아이 육아도 각각의 장점이 있습니다. 물론 육아를 하지 않는 삶도 가치가 있고요. 삶은 다양하기 때문에 좋은 것입니다.

　육아뿐만 아니라 세상에는 절대적인 정답이 없습니다. 일하는 방식이나 가족과 관계를 맺는 방법, 사생활 등 자신과는 완전히 다른 가치관을 가진 사람은 수없이 많습니다.

　사람은 저마다의 사정 속에서 각각의 삶을 삽니다. 본인의 가치관에서 벗어난 사람을 안타깝게 여기거나 불쌍하게 생각하거나, 심지어 그러한 생각을 입에 올리는 것은 실례일뿐더러 반드시 피해야 합니다.

　악의가 없더라도 상대방은 자신을 부정당한 듯한 기분이 들게 되니까요.

　자신의 가치관에 따라서 말을 할 때에는 상대방에게 상처를 주지 않도록 주의해야 합니다. 트러블을 회피하려면 상대방의 입장에 서 보는 것이 중요합니다.

자신이 좋다고 생각하는 일이라도
다른 사람에게 전할 때는 주의해야 합니다.

공부도 운동도 모두
재미있게 할 수 있다

운동을 싫어하는 내게 기회를 준 선생님

어린 시절에 저는 운동을 잘하지 못했습니다. 그래서 체육 선생님에게 인정받지 못하는 아이였습니다. 좋은 기억으로 남은 체육 선생님은 거의 없지만 초등학교 시절에 좋은 기억을 준 선생님이 딱 한 사람 있습니다.

그 선생님은 체육 시간에 야구를 하게 되었을 때 저에게 감독을 시켜 주었습니다. 타격이나 수비에서는 활약할 수 없을지 몰라도 감독으로서 작전을 세우거나 팀 구성원에게 지시를 내리는 것이라면 잘 해낼 여지가 있다고 기대해 준 것입니다.

초등학생에게 야구 규칙은 꽤 복잡한 내용입니다. 저는 터치 업이나 낫 아웃 등 세세한 규칙을 이용해서 점수를 얻는 작전을 세워

팀을 승리로 이끌었습니다.

상대팀은 "치사하다."고 투덜거렸지만 승리의 고양감은 그런 비난을 받아치고도 남을 만한 것이었습니다.

저는 시합에 승리한 것보다 제가 활약할 수 있어서 순수하게 기뻤습니다.

지금은 그 선생님의 이름도 생각나지 않지만 저는 그때의 체험을 통해서 사람에게는 빛나는 장소가 있다는 교훈을 얻었습니다.

운동을 잘하지 못한다고 해서 운동에 관한 분야에 있을 곳이 전혀 없는 것은 아니다. 쉽게 포기하지 말고 더욱 욕심을 부려도 괜찮다는 사실을 알게 된 것입니다.

입시 공부 때문에 협동심이 떨어질까?

입시 공부를 하다 보면 다른 사람과의 협동심이 떨어진다고 말하는 사람이 있습니다. 그 때문인지 저도 자녀가 있는 부모에게 공부에만 주력해도 괜찮은 걸까에 대한 고민 상담을 받는 일이 종종 있습니다.

하지만 이는 사실 커다란 오해입니다. 냉정하게 생각해 보세요.

공부를 잘하는 아이 중에도, 못하는 아이 중에도 커뮤니케이션 능력이 낮은 아이는 있습니다. 입시 공부를 하기 때문에 커뮤니케이션 능력이나 공감 능력이 저하되는 것은 아닙니다.

커뮤니케이션 능력을 높이고 싶다면 입시 공부를 하면서 동시에 커뮤니케이션 능력을 높이는 교육을 하면 됩니다.

"공부를 잘하는 아이는 운동을 못 한다."

"운동을 잘하는 아이는 공부를 못 한다."

이런 것은 대체 누가 정한 걸까요?

공부와 운동은 동시에 추구해도 되고, 실제로 추구할 수도 있습니다.

공부에 시간을 빼앗기면 운동에 할애할 시간이 없어진다는 식으로 '할 수 없는 이유'만 대지 말고 효율적으로 공부를 한다면 어느 정도는 운동에도 몰두할 시간을 낼 수 있습니다.

저에게는 한 번이라도 좋으니 '일반 입시로 합격한 학생만 참가하는 도쿄 대학교 야구' 리그전을 개최하면 좋겠다는 바람이 있습니다. 그러면 도쿄 대학교도 어느 정도 선전하지 않을까요? 적어도 '공부와 운동을 양립할 수 있다.'라는 메시지는 전달할 수 있을 것입니다.

하나의 분야에 얽매이지 말고
다양한 것을 추구하세요.

활동 범위를 넓히면
위험을 피할 수 있다

할 수 있을 것 같은 일은 무엇이든 도전한다

최근 들어서는 나이를 먹은 탓인지 꽤나 뻔뻔해져서 한 가지 일을 선택하면 다른 일을 포기한다는 생각을 거의 하지 않게 되었습니다.

실제로 정신과 의사로서의 업무 이외에 영화감독, 서적 집필, 대학 강의, 학원 및 유아 교육형 보육원 운영 등 활동 범위가 다양하게 뻗어 있습니다.

한 회사에서만 일하는 사람보다 활동 범위가 넓은 것은 사실이지만 닥치는 대로 몰두하는 것은 아닙니다. 제가 할 수 있을 것 같은 일은 뭐든지 하지만 운동 등 서투른 일에는 일절 관여하지 않습니다.

도전하고 싶은 분야가 워낙 많으니 주변에서 보기에는 뭐든지 하는 것처럼 느껴지기도 하겠지요.

활동 범위를 넓히는 것에는 위험을 피한다는 의미도 있습니다. 만일 한 분야가 잘 되지 않는다 하더라도 다른 분야에 투자하면 됩니다. 그렇게 생각하면 정신적으로 여유가 생겨납니다.

회사에 너무 매일 필요 없다

우리 사회는 하나의 일에 정진하는 행위에 가치를 둡니다. 그래서 회사에 전념하는 외길 인생이 성실하고 이상적인 것처럼 평가하는데 과연 정말 그럴까요?

한 회사에만 다니면서 업무에 정진하는 삶을 부정하는 것은 아닙니다. 하지만 회사에 인생의 전부를 걸면 정년퇴직 후에 있을 곳이 없어진다는 것을 알아야 합니다.

가족과의 생활을 희생하고, 유급 휴가도 제대로 받지 못하고, 밤늦게까지 일해야 할 정도로 회사에 집착할 가치가 있을까요?

제 주변에서 자영업을 시작한 사람들은 회사에서 미움 받는 것을 두려워하지 않는 사람이기도 합니다.

회사에서 일하는 것을 하나의 단계로 생각하고, 다양한 인맥과 실적을 쌓고, 그것을 바탕으로 독립했습니다.

회사를 퇴직한 사람 중에서 재취업이 잘되는 경우는 회사에서 인정받는 것 이상으로 거래처에서도 인정받았다는 공통점이 있습니다.

회사에서 인정받으려고 한 나머지 거래처에 냉랭한 태도를 취했다든지, 차갑지는 않지만 자회사의 이익만 추구하고 거래처의 이득을 전혀 고려하지 않은 사람들은 회사 퇴직 이후에 어디에서도 연락이 오지 않습니다. 그러나 거래처에서 인정받은 사람은 회사를 퇴직한 순간 함께 일하자는 식의 제안을 받게 됩니다.

회사에 전부를 바치려는 사람은 혹시 가족을 간병해야 하는 상황 등이 생기게 되면 깔끔하게 퇴사해 버리는 경우가 많습니다. 그 전까지 회사에 100퍼센트 공헌하지 않는 사람을 부정해 왔기 때문에 자신이 그러한 입장에 처하는 것을 용납할 수 없기 때문입니다.

하지만 실제로는 뭐든지 궁리하기 나름이라, 일과 간병은 얼마든지 양립할 수 있습니다. 간병을 해야 하니 일을 포기해야만 한다는 것은 맹목적인 발상입니다.

'일도 간병도, 취미도 봉사도 포기하지 않는다.'는 생각으로 시간과 머무를 장소를 고려해 두면 정신적인 면에서도 위험 회피를 할 수 있습니다.

사람은 한 가지 일이 괴로워지더라도 마음을 나누어 다른 곳에 쏟을 수 있다면 어떻게든 극복할 수 있습니다.

그러니 회사형 인간이 되지 않는 것도, 여러 가지 테마를 동시에 추구하는 것도 결코 제멋대로인 행동은 아닙니다.

인생의 기둥이 여러 개 있으면
역경에 강한 사람이 됩니다.

'100퍼센트 옳은 것이 없는 것' 중에서 선택지를 고른다

이런 의견도 있다는 것을 알게 된 것만으로도 횡재다

아무리 능력이 뛰어나다 하더라도 인간 한 사람의 두뇌에는 한계가 있습니다.

그러니 나에게는 모르는 것이 많다고 생각하는 편이 낫고, 내가 생각한 대답이 100퍼센트 옳지는 않다는 점을 알아 두는 편이 좋습니다.

온라인 서점에서 도서 리뷰를 읽다 보면 '이 책에는 새로운 내용이 거의 적혀 있지 않다.' 혹은 '이 책이 주장하는 내용은 완전히 틀린 것이다.'라는 식의 부정적인 감상을 종종 볼 수 있습니다. 이들은 대체 무엇을 바라고 독서를 하는 것일까요?

'100퍼센트 유용하고 새로우며 옳다고 여겨지는 발견을 하고 싶다.'라고 생각한다면 상당히 정보 활용력이 떨어지는 사람이라고 하지 않을 수 없습니다.

저는 기본적으로 책 한 권에서 도움이 된다고 생각되는 내용을 두세 장이라도 발견할 수 있다면 충분히 투자할 가치가 있다고 생각합니다. 1~2만 원 정도의 대가를 치러서 인생에서 하나라도 유의미한 정보를 얻을 수 있다면 오히려 이득이라고 말해도 좋을 터입니다.

독서의 장점 중 하나는 자신과 다른 의견을 들을 수 있다는 것입니다.

'완벽히 동의할 수는 없지만 이런 의견도 있구나.' 하는 점을 깨닫기만 해도 생각의 폭이 넓어집니다. 단순히 부정하는 것보다 훨씬 지적인 자세라고 할 수 있습니다.

의학계에는 예컨대 암은 절제하는 것이 좋다는 의견이 있는가 하면 절제하지 않는 것이 좋다는 의견도 있습니다. 그러나 실제로 암에 걸리면 어느 쪽이 정답일지 알지 못하는 채로 한 가지 선택지를 고르고 맙니다.

최종적으로는 잠정적인 결론을 내리더라도 최소한 한 가지 선택지를 고집하기보다 여러 가지 선택 가능성을 모색하는 사람이 시야가 넓다고 할 수 있습니다.

내가 옳다고 생각하는 사람이 무서운 이유

저는 예전에 『좋은 사람은 사실 무서운 사람』이라는 책을 쓴 적이 있습니다. 그 책에서 제가 말하고 싶었던 내용 중 하나는 자신의 가치관이나 선악의 판단에 절대적인 자신감을 가진 '좋은 사람'의 위험성입니다.

예를 들어 블랙 기업 중에는 처음부터 직원을 착취하려는 마음을 먹고 영업을 하는 악의적인 회사도 있습니다. 그러나 선의를 내세웠는데 결과는 블랙 기업이 되고 마는 사례도 있습니다.

상사가 한밤중까지 야근을 해서라도 반드시 일을 마무리해야 한다는 식의 '그래야 한다.'는 생각의 소유자라서 부하에게도 선의로 같은 가치관을 주입해 버리는 것을 예로 들 수 있겠지요.

사람은 본인이 옳다고 생각하기 때문에 다른 사람에게도 동일한 가치관을 강력하게 강요하려 합니다.

옳기 때문에 망설이지 않고 강요하게 되는 것입니다.

원래 인간은 다른 사람에게 강요하지만 않는다면 어떤 가치관을 가지건 상관없습니다. 본인이 행복하다고 느낀다면 어떤 종교를 믿고 얼마나 돈을 쏟아 붓건 다른 사람이 이러쿵저러쿵 간섭할 권리는 없습니다.

하지만 다른 사람에게 자신의 정당성을 강요하게 되면 이야기가 달라집니다.

본인의 정당성을 맹목적으로 신뢰하면 다른 사람에게 상처를 입

나의 정당성을 다른 사람에게
강요하면 안 됩니다.

힐 가능성이 있습니다.
 저도 사물에 대하여 나름대로의 견해가 있지만 이를 다른 사람에게 강요하고 굴복시키려는 생각은 하지 않습니다. 결국 어떤 의견을 선택할 것인가는 개인의 자유이기 때문입니다.

상승 효과로 레벨 업이 가능하다

이것도 저것도 하는 사람에 대한 편견

이것저것에 손대는 사람은 흔히 2류로 평가됩니다. 저도 2류로 평가되는 사람 중 하나입니다.

영화 제작이나 도서 출판이라는 평소의 활동이 꽤나 마음에 들지 않는지, 일본정신분석학회에서는 전혀 인정해 주지 않습니다.

얼마 전에 일본정신분석학회의 모 선생님으로부터 "관동 지역의 운영위원으로 추천받았으니 출마해 보면 어떻습니까?"라는 연락을 받았습니다.

정신분석학계에서 일본인으로서 영문 논문을 발표한 적이 있는 현역 정신분석의는 저를 포함하여 3명뿐입니다. 그러한 실적을 평가받은 것이라고 해석하고 감사하며 출마했는데, 최하위로 탈락하여 고배를 마시고 말았습니다.

1위와 2위 당선자의 경력을 보면 유학 경험도 없고 영문 논문 실적도 전혀 없습니다. 그런데 저보다 10배에 가까운 수를 득표했습니다.

그저 제 낙선만 생각한다면 제 자신의 부덕을 부끄럽게 여기고 끝날 일입니다. 하지만 다른 지역에서도 마찬가지로 영문 논문을 발표한 적이 있는 교토 대학교의 교수가 낙선했습니다.

그것을 본 순간 확신했습니다. 세간에서는 학회에서 직책을 얻을 법한 사람은 학문적으로 뛰어날 것이라고 인식하지만 사실은 전혀 다르다는 것을요.

직책을 얻을 정도의 사람은 조직에 속한 개개인을 대표합니다. 즉 열심히 공부하지 않는 사람들이 모이는 학회에서는 열심히 공부하지 않는 임원이 나오는 것이 당연한 일입니다.

이런 일도 저런 일도 하는 저 같은 사람이 본인과 다르다고 생각하는 것은 자유입니다. 하지만 다른 일을 한다는 이유로 배제한다면 그릇이 너무 작다고 할 수밖에요.

재주가 많아야 시야가 넓어진다

아직 일부에 불과하지만 최근 들어 기업에서 부업을 금하는 규칙을 없애려는 움직임을 볼 수 있습니다. 이는 좋은 경향이라고 생

재주가 많은 사람은
창조적인 힘을 기를 수 있습니다.

각합니다.

부업은 앞서 말한 것처럼 위험 회피라는 의미도 있지만, 그 이상으로 상승 효과를 제공합니다.

저 또한 다양한 활동이 정신분석 연구나 심리 치료 등에 도움되는 일은 있어도 방해되는 일은 없다는 점을 실감합니다. 저는 벌여 놓은 모든 일을 대충대충 하지 않고 진지하게 대합니다. 영화를 찍을 때도, 정신과 의사로서 치료를 할 때도 진중하게 임합니다.

한 가지 일밖에 하지 않는 사람 중에서도 절대로 대충 하는 법이 없는 사람이 있지만, 적당히 처리해 버리는 사람도 많습니다. 즉 전업으로 종사하는지 여부보다 각각의 일을 실제로 성실하게 해 나가는지가 훨씬 중요한 것입니다.

한 가지 일밖에 하지 않는 사람은 아무래도 시야가 좁아지기 쉽습니다. 한편 다양한 경험을 하는 사람은 사물을 넓은 시야로 바라볼 수 있습니다.

예를 들어 어린이를 대상으로 삼는 서비스 기획을 한다면 회사 일에만 몰두하는 50대 남성보다 육아와 일을 양립하는 30대 여성이 훨씬 좋은 아이디어를 낼 가능성이 높습니다.

그러나 현실에서는 많은 기업에서 중장년 남성 사원이 잔뜩 모여 여성이나 아이들을 위한 서비스를 생각하는 형태를 보입니다. 적은 경험 속에서 아이디어를 내느라 고생할 바에는 다양한 인생 경험을 업무에 활용할 수 있는 구조를 만드는 것이 좋지 않을까요?

경험 속에서
더 나은 해답을 발견한다

내가 정신과 의사가 된 이유

불순한 동기로 의대생이 된 제가 진지하게 공부를 하게 된 계기가 있습니다. 환자 한 사람이 자살을 하는 사건이 생긴 것입니다.

당시 도쿄 대학교 의학부 정신과에는 두 개의 파벌이 있었습니다. 하나는 도쿄 대학교 투쟁 이후 환자 해방 운동 등에 종사하는 인간학적 정신의학을 지향하는 파벌이고, 또 다른 하나는 약물 연구 등에 종사하며 생물학적 정신의학을 지향하는 파벌입니다.

앞서 말했듯이 학생 시절의 저는 영화 제작에 몰두하느라 대학에는 거의 다니지 않은 채 졸업한 탓에 그러한 사정은 전혀 모르는 상황이었습니다.

그래서 다른 사람에게 소개를 받고 환자 해방 운동을 하는 그룹이 운영하는 자율관리 병동에 들어갔습니다. 만사태평이었던 저는 멍하니 인간학적 정신의학을 익힐 수 있을 것이라 생각했지만 시간이 지날수록 서서히 사건에 휘말리게 되었습니다.

주변 사람들은 온통 학회 투쟁에서 상대방을 논파하거나 규탄하는 데 몰두했습니다.

저도 시키는 대로 학회 투쟁에 따라간 적이 있지만 오히려 규탄해야 할 상대인 정신과 교수가 하는 말이 옳은 것 같다는 생각을 하게 되었습니다.

실망하고 만 저는 2년째 되는 해에 내과에 들어가고자 했지만 내과 의국은 교수가 절대적인 위치를 차지했습니다. 마치 스모부처럼 상하관계가 뚜렷한 분위기에 익숙해지지 못한 탓에 의국에는 들어가지 못했습니다.

그러다가 신경내과와 응급실 레지던트를 모집하던 국립병원의 비상근 직원으로 근무하게 되었습니다. 그러나 정신과 의사에도 미련이 있어서 정신분석 세미나에는 계속 참여했습니다.

그러던 어느 날 한 병원에서 내과도 가능한 정신과 의사를 모집한다는 말을 듣고 지원한 결과 채용이 결정되었습니다.

틀에 박힌 치료를 한 결과

그 병원에는 한 할머니 환자가 입원해 있었습니다. 할머니는 "몸 상태가 좋지 않아.", "배가 아파." 하고 말하며 간호사 호출벨을 하루에 삼십 번씩 누르곤 하는 사람이었습니다. 검사를 해도 아무런 이상이 발견되지 않고, 망상의 경향을 보였습니다.

당시 저는 정신분석학 선생님에게 배운 대로 1시간 정도의 카운셀링을 일주일에 1~2회 행하는 대신 간호사 호출에는 일절 반응하지 않는 방법으로 대응했습니다.

그러면 환자가 자신의 심리적인 문제를 스스로 깨달을 것이라고 생각했던 것입니다.

실제로 며칠이 지나자 간호사를 호출하는 횟수가 줄어들고 할머니의 건강 상태도 회복되어 퇴원을 했습니다.

그런데 2주일 정도 지난 후 할머니가 다시 입원을 했습니다. 저는 할머니에게 "지난번처럼 카운슬링을 합시다." 하고 말했습니다.

할머니가 "선생님 얼굴을 보니 안심이 됩니다."라고 말해 준 덕분에 저는 교과서대로 치료를 하면 다시 좋아질 것이라고 생각했습니다.

그런데 그날 밤 집으로 걸려 온 전화에 충격을 받고 말았습니다. 낮에 대화를 나누었던 할머니가 목을 매어 자살했다는 것입니다.

저는 카운슬링을 하면 나아질 거라고 생각하고 우울증 약을 제대로 처방하지 않았습니다. 게다가 간호사 호출을 무시당하는 것은 할머니에게 괴로운 체험이었을 것입니다.

저는 운좋게 한 번 성공했다는 이유로 틀에 박힌 치료를 고집했습니다. 그러나 환자의 자살이라는 최악의 형태인 결과를 초래하고 말았습니다.

이를 계기로 저는 제가 지도받은 내용이 잘못된 것이 아니었을까 하는 의심을 안고서 미국으로 유학을 떠나 본격적으로 정신분석학을 배우기로 했습니다. 그리고 미국에서는 일본과 전혀 다르게 훨씬 유연한 방식으로 치료를 한다는 사실을 직접 목격하고서 제 치료법이 잘못되었다는 깨달음을 얻었습니다.

그때의 경험으로 일이 잘 풀리지 않을 때는 본인의 잘못을 인정하고 방식을 바꾸어야 하며, 정답은 하나가 아니고 해결책은 여러 가지가 있다는 사실을 배우게 되었습니다.

정신과 의사로서 치료를 하면 원활하게 회복하는 환자가 있는가 하면 전혀 개선되지 않는 환자도 있습니다. 다만 적어도 상황을 악화시키지 않아야 한다는 점을 강하게 의식했습니다.

그래서 앞서와 같은 경험을 한 이래로 30년 가까이 정신과 의사로서 많은 환자를 만나 왔지만 자살률 0%를 이어갑니다.

정신과에서 진료를 받는 우울증 환자 중 매년 약 8,000명이 자살한다는 데이터가 있습니다. 현재 일본에서 정신과 의사는 약 1만 2,000명이니 정신과 의사 1명은 3년에 평균 2건의 환자 자살 사건을 경험한다는 계산이 나옵니다. 그러니 30년 가까이 자살 사건을 겪지 않았다는 것은 저에게 작은 자부심이기도 합니다.

일이 잘 풀리지 않으면
본인의 실수를 인정하세요.

포기하면 제로인 확률은 변하지 않는다.
밀져야 본전이니 도전해 보라.

3

'하던 대로 해야지.'라고 생각하지 말고
'해 보지 않으면 모른다.'고 생각하세요.

해 보지 않으면 모른다

포기하면 제로인 확률은 변하지 않는다

만약에 당신이 남성이고 호감을 느끼는 여성이 있다고 합시다. 그녀는 학생 시절부터 모델을 한 대단한 미인입니다.

그에 비해 당신의 외모는 평범합니다. 일반적으로 생각하면 그녀와는 전혀 수준이 맞지 않는 것 같습니다. 과감하게 고백을 하더라도 차일 확률이 높아 보입니다.

이런 경우 당신은 어떻게 행동할까요? 아무것도 하지 않고 포기할까요, 각오를 하고 그녀에게 고백을 할까요?

어차피 차일 거라고 생각하고 말도 걸지 않으면 제로인 확률은 변하지 않습니다.

하지만 마음을 굳게 먹고 고백을 하면 1,000분의 1의 확률일지라도 긍정적인 대답을 얻어 낼 가능성이 있습니다. 무엇이든 해 보지 않으면 모르는 일입니다.

어쩌면 우연히 그녀가 상당히 미남인 남자와 헤어진 직후라 '남자는 얼굴로 고르면 안 돼.', '미남보다 성격이 다정해 보이는 사람이 좋아.'라고 생각하는 타이밍일지도 모릅니다. 의외로 교제를 승낙해 줄지도 모르는 일입니다.

가끔 엄청난 미모의 여성 연예인이 일반 남성과 결혼하는 뉴스가 보도됩니다. 이 또한 여성 연예인이 '남자 연예인은 워낙 잘 놀아서 믿을 수가 없어.', '결혼을 한다면 평범한 남자가 좋아.'라고 생각했기 때문일지도 모릅니다. 너무 콧대 높은 사람일 거라는 생각에 누구도 말을 걸지 못했을 가능성도 있습니다. 어느 쪽이건 일반 남성이 미모의 여성 연예인에게 말을 걸어서 성공했다는 것은 사실입니다.

도전해서 손해 볼 일은 없다

한 가지 알아 두었으면 하는 점이 있습니다.

많은 사람이 고백을 하고 차이면 상대방에게 미움을 받을 거라고 생각합니다. 하지만 평범하게 생각해 보면 아무리 인기가 많은 사람이라도 이성에게 호감을 받아서 기분이 나빠지지는 않을 겁니다. 너무나 스토커처럼 행동한다면 이야기가 달라지겠지만 그렇지 않은 한 진지하게 고백한다면 거절을 당하더라도 어느 정도는 유감이라고 생각해 줄 것입니다.

그것만으로도 조금은 마음을 써 주는 것입니다. 고백하지 않고 괴로워하는 상황보다는 훨씬 발전한 상태라고 할 수 있습니다.

고백하는 행위 자체가 미움을 받는 이유가 된다는 것은 상정하기 힘듭니다. 오히려 언젠가 상대방이 돌아보게 될 가능성이 생겨납니다.

고백을 하는 것만으로 적어도 확률이 제로에서 100분의 1 정도까지는 올라갑니다. 복권보다 훨씬 성공 확률이 높은 도전이라고 생각합니다.

'해 봤다'는 경험은 삶에 도움이 된다

제가 쓴 입시 공부법 관련 서적을 읽은 독자로부터 '애당초 와다 선생님과 나는 두뇌 수준이 다르니까 제대로 될 리가 없다.'라는 감상을 듣곤 합니다.

실제로 시도해 본 다음에 그렇게 말하는 거라면 모르겠지만, 그렇지 않다면 노력도 하지 않은 채로 가능성만 부정할 뿐입니다.

저 또한 제 공부법이 모든 사람에게 효과가 있다고 주장하는 것은 아닙니다. 와다식 공부법을 시도해서 잘 풀리지 않았다면 그 사람에게는 다른 공부법이 맞을지도 모릅니다. 모든 것은 '해 보지 않으면 모른다.'이니까요.

한 가지 공부법을 실험해서 실패했다 하더라도 손해 볼 것은 교재비와 일시적인 학력 저하뿐입니다. 오히려 실험을 통하여 많은 것을 얻을 수 있습니다.

저는 와다식 공부법을 활용하여 도쿄 대학교에 합격하는 것보다, 이러한 방식을 실험해서 성공을 거두었다는 경험에 큰 의미가 있다고 생각합니다.

여러 번 실패를 거듭하더라도 최고의 방법을 찾아내서 성공하는 경험을 얻고 나면 긍정적인 인생관을 가질 수 있습니다.

그 사람은 틀림없이 입시 이외에도 삶의 여러 고비에서 잘 풀리지 않으면 다른 방법을 시도한다는 자세를 계속 유지할 수 있을 것입니다.

에디슨은 "나는 평생 동안 실패를 한 적이 없다. 그렇게 해서는 성공할 수 없다는 배움을 얻었을 뿐이다."라고 했습니다. 바로 그것입니다.

삶에서 어떤 일이 벌어질지 모른다

'해 보지 않으면 모른다.'라고 생각하면 삶이 재미있어집니다.

삶을 살다 보면 무슨 일이 벌어질지 알 수 없습니다. 삶은 예측할 수 없는 일의 연속입니다. 다른 사람의 마음도 미래도 모르는 것투성이입니다.

하물며 예전과는 출세하는 방법도, 물건이 팔리는 형태도 극적으로 바뀌었습니다. 한마디로 말하자면 '무엇이든 가능한' 시대입니다.

저 자신의 인생에도 아직 무슨 일이 벌어질지 모릅니다.

어쩌면 20년 정도 후에는 제가 주장하는 '세금을 높이고 경비를 무한정 인정한다.'는 소비촉진형 경제 정책을 그대로 실현시키는 정치인이 등장할지도 모릅니다. 어쩌면 80세를 넘긴 제가 정치가가 되어서 실현시키려고 노력하는 중일지도 모르지요.

해 보지 않으면 모릅니다.

여러분은 그러한 마음가짐으로 온갖 일에 도전하시겠습니까?

아니면 뭔가를 하기 전부터 '어차피 안 돼.' 하며 포기하거나 권위 있는 사람의 그럴듯한 주장에 순순히 따라가기만 하는 인생을 보낼 요량입니까?

일상 속에서 여러 가지 가능성을
시험해 보세요.

일에서 성공하는 사람은
'해 본다'를 철저하게 실행한다

세븐일레븐의 도전 정신

'일단 해 본다. 해 보고 실패하면 방법을 개선하면 된다.'

이것은 PDCA(Plan → Do → Check → Action)라는 정책으로 비즈니스 세계에서는 일상적으로 실천하는 사고방식입니다.

'해 본다'를 실천하여 성공 가도를 달리는 기업 중 하나로 세븐일레븐이 있습니다.

편의점 부문 세계 1위에 군림하는 세븐일레븐의 평균 일매출(점포 하루 매출)은 약 65만 엔인데, 2위인 로손은 약 54만 엔, 3위인 패밀리마트는 약 51만 엔으로, 세븐일레븐이 독주하는 상황입니다.

세븐일레븐 재팬을 설립하여 오늘날의 성공을 이끌어내며 '유통의 신'으로 불린 사람은 바로 세븐&아이 홀딩스의 명예고문인 스즈키 도시후미입니다. 스즈키는 일본에서 처음으로 본격적인 POS(판매 시점 정보 관리) 시스템을 도입한 인물로도 알려져 있습니다.

당시 미국에는 이미 POS 시스템이 보급되기 시작했지만, 이는 주로 계산대의 실수나 부정 방지가 목적이었습니다. POS 시스템을 마케팅에 도입한 것은 스즈키가 처음이었습니다.

세븐일레븐의 각 점포에서는 아르바이트생에게도 발주를 맡깁니다. 이들이 발주를 할 수 있는 까닭은 판매에 대한 가설을 세우고 POS 시스템의 판매 데이터를 바탕으로 검증하는 구조가 철저하게 설립되어 있기 때문입니다.

POS 데이터를 분석하면 날씨나 기온의 변화에 따라서 여름에 어묵탕이 팔리는 날이나 겨울에 아이스크림이 팔리는 날이 있다는 사실을 파악할 수 있습니다. 이러한 데이터를 바탕으로 가설과 검증을 반복함으로써 정밀도가 높은 발주를 할 수 있도록 만든 것입니다.

세븐일레븐에서는 발주 후에 팔리지 않는 상품은 바로 선반에서 회수합니다. 그야말로 '해 보지 않으면 모른다.'는 정신을 바탕으로 삼고 전국적인 규모로 거대한 실험실을 운영하는 것이나 마찬가지입니다.

맥도날드의 '장사는 3번 도전하라.'

일본 맥도날드의 창업자인 후지타 덴은 "창업을 한다면 재산을 3분의 1씩 투자하여 장사에 3번 도전해 보라."고 했습니다.

우선 총 재산의 3분의 1을 투자하여 어떤 장사를 시작했다고 합시다. 처음부터 사업에 성공할 거라고는 장담할 수 없습니다. 오히려 현실적으로 실패할 가능성이 훨씬 높습니다.

만일 실패했다 하더라도 그 대가로 어떠한 배움을 얻거나 발견을 하여 반성할 기회를 얻을 수 있습니다. 이러한 피드백을 바탕으로 다음 3분의 1의 자금을 가지고 다시 장사를 시작합니다.

두 번째 시도에서 성공한다면 사업적인 재능이 상당한 사람이라고 말할 수 있겠지만, 또다시 뼈아픈 실패를 경험할지도 모릅니다. 그래도 과거 두 번의 실패를 반성하여 마지막 3분의 1의 자금으로 승부할 수 있습니다. 그래도 실패한다면 처음부터 성공할 가망이 없는 사업이었다고 포기할 수 있고, 잘 풀리면 성공을 손에 넣을 기회를 3번 얻을 수 있었던 덕분이니까요.

거물 경영자인 후지타도 철저하게 '해 보지 않으면 알 수 없다.'는 자세를 고수했다는 점을 엿볼 수 있는 에피소드입니다.

해 보는 것을 반복하면
성공할 수 있습니다.

성공한 이후에도
'해 본다'를 지속한다

항상 성공을 이어가는 경영자의 비밀

언제나 '해 본다'를 실천하는 경영자는 가망 없는 시도를 단념하는 타이밍도 탁월합니다.

제가 대학생이던 무렵 '보르시'라는 카레 체인점이 유행하여 거리 곳곳에서 점포를 볼 수 있었습니다.

보르시는 조금 고급스러운 카레를 제공하며, 당시에는 드물었던 양념 세트를 테이블에 늘어놓는 세팅을 했습니다. 카레의 매운맛을 3배, 20배 등 등급별로 주문할 수 있는 시스템을 도입한 원조 가게로도 유명했습니다.

지금은 나이가 어린 독자층이라면 보르시라는 카레 체인점이 있었다는 사실조차 모를 것입니다. 왜냐하면 현재는 점포가 몇 군데 밖에 남아 있지 않기 때문입니다. 장사가 잘 안 된 것도 아니고 적당히 인기가 있었는데도 연이어 문을 닫아 버렸습니다.

보르시를 운영하던 일본 레스토랑 시스템이라는 회사는 지금도 다양한 음식 체인점을 운영합니다.

일본식 스파게티를 제공하는 것으로 유명한 '요우멘야 고에몬', 팬케이크나 핸드 드립으로 내린 커피가 인기인 '호시노 커피점' 등이 잘 알려져 있습니다.

하나의 사업이 성공을 거두더라도 인기는 결국 시들해질 수 있습니다. 흔히 '원 히트 원더'라고 부르는 경우입니다.

이에 반해 한 가지 일이 잘 풀려 언제나 성공을 이어가는 경영을 하더라도 끊임없이 계속 새로운 시도를 해야 합니다.

일본 레스토랑 시스템처럼 현재에 만족하지 않고 다양한 도전을 거듭했기 때문에 '원 히트 원더'로 끝나지 않게 된 것입니다.

도토루 커피의 도전에서 얻은 교훈

사실 이 일본 레스토랑 시스템이라는 기업을 흡수 합병한 것이 셀프식 커피로 알려진 도토루 커피입니다. 도토루 커피는 일본 최대의 점포 수를 자랑하는 커피 체인점입니다.

도토루 커피를 창업한 도리바 히로미치 명예회장도 기회를 살피는 눈치가 재빠른 경영자 중 하나입니다. 예를 들어 도토루가 운영하는 커피 체인점 중 엑셀시오르 카페라는 브랜드가 있습니다. 엑셀시오르 카페에서 어딘지 모르게 다른 커피숍과 비슷한 분위기를 느낀 적이 있지 않습니까? 그렇습니다. 미국 시애틀에서 탄생한 스타벅스 커피입니다.

일본에서 스타벅스 커피가 유행했을 때 화제가 된 것은 전석이 완전 금연이라는 부분이었습니다. 일본에서는 담배를 피우기 위해서 다방을 이용하는 사람이 많았기 때문에 스타벅스도 처음에는 금연 구역과 흡연 구역을 나누어서 운영했습니다. 이후 전면 금연을 시행하면서 여성 고객을 중심으로 큰 지지를 얻었습니다.

사실 이러한 스타벅스 커피의 세련된 분위기에 대항해서 엑셀시오르 카페는 이탈리아의 에스프레소 커피 등을 제공하는 이탈리아풍 점포를 출점했습니다.

엑셀시오르 카페에는 흡연 공간이 마련되어 있습니다. 흡연이 가능하다는 차별화로 스타벅스가 모으지 못한 흡연객을 끌어오려는 계획이었음을 쉽게 짐작할 수 있습니다. 엑셀시오르 카페의 사례에서 '일단 해 볼' 때에는 굳이 엉뚱한 아이디어를 시도하지 않아도 괜찮다는 가르침을 얻을 수 있습니다.

삶에서 성공하는 사람은
어쨌든 해 본 사람입니다.

할 수 있는 사람보다 '해 본' 사람이 대단하다

'해 보지 않으면 모른다.'의 뒤에는 '어쨌든 해 본다.', '간단한 일이라도 떠오르면 시험해 본다.'는 가벼운 자세가 있습니다.

제가 아는 사람 중에는 우연히도 IT에 정통한 인재가 여럿 있습니다. 그들 중에는 다음처럼 호언하는 사람도 있습니다.

"인터넷 쇼핑 정도의 간단한 비즈니스는 나도 생각한 적 있어."

"검색 엔진은 내가 가진 기술로도 만들 수 있었어."

"우리가 가진 기술 정도면 아이폰도 쉽게 만들 수 있었어."

어쩌면 술자리에서 늘어놓는 허세가 아니라 정말로 그랬을지도 모릅니다.

하지만 여기서 확실히 말할 수 있는 것이 한 가지 있습니다.

바로 실제로 '해 본' 사람이 대부호가 되고, 하지 않은 사람은 부자가 되지 못했다는 사실입니다.

중요한 것은 '할 수 있는가, 할 수 없는가?'가 아닙니다. '했는가, 하지 않았는가?'입니다.

저는 할 수 있는 사람보다 해 본 사람이 대단하다고 생각합니다. 비록 한 번에 성공하지 못하더라도 계속 해 나가는 행동에 가치가 있습니다.

세상에는 결론이 나지 않는 일이 수없이 많다

독특한 견해를 지닌 곤도 마코토 선생

2017년에 의사인 곤도 마코토 선생과 대담을 나눌 기회가 있었습니다. 곤도 선생은 곤도 마코토 암 연구소의 소장으로서 세컨드 오피니언 외래를 운영하고 있습니다.

『문예춘추』지에 기고한 암 치료 관련 연재로 큰 반향을 불러일으키고, 1996년에 출판한 『환자여, 암과 싸우지 말라』가 대형 베스트셀러가 된 사건으로 기억하는 독자도 많을 것입니다.

이후에도 『암 방치 요법을 권하다』, 『건강 진단을 받지 말라』 등의 저서를 속속 발표하며 찬반 양론을 불러일으켜 왔습니다.

곤도 선생은 암 치료에 대하여 독자적인 견해를 주도하며 '낫지 않는 암은 절제해도 도리가 없으니 방치하는 편이 낫다.', '건강 진단은 유해하다.'는 설을 주창하는 것으로 알려져 있습니다.

아마 일본대학 의학부에 소속된 학자 중에서 95% 정도가 곤도 선생을 비판할 거라고 생각합니다.

어느 쪽의 의견이 옳은가?

"초기 암 환자가 암 방치 이론을 믿은 탓에 병세가 악화되어 버렸다. 어떻게 책임을 질 생각인가?"

"항암제로 연명 효과를 보이는 사례도 많다. 항암제로 암 크기를 줄인 다음 절제 수술을 하면 치료가 될 가능성이 있다."

현실은 이런 식으로 곤도 선생에게 다양한 비난을 퍼붓습니다.

'암은 절제해서 제거할 수 있다면 절제하는 편이 좋다.'는 생각은 많은 일본인의 공통적인 생각에 가깝다고 할 수 있습니다. '암은 방치하는 편이 낫다.'는 말은 일견 괴상한 주장으로 들리기도 합니다. 비난하는 측의 주장을 들으면 '그 말이 정답이다.'고 생각하는 사람이 많을지도 모릅니다.

곤도 선생을 비판하는 학자들은 '암을 방치한 결과 죽음에 이른 환자의 사례'를 여럿 제시하면서 비판의 논거로 삼습니다.

하지만 이러한 사례를 몇 명이고 들었다고 해서 곤도 선생의 설명이 잘못되었다는 증명이 되지는 않습니다. 이것만으로는 '자신의 주장에 편리한 데이터를 의도적으로 선별했을 뿐이지 않은가?'라는 지적에 반론할 여지가 없습니다.

곤도 선생 또한 암을 절제하지 않고 방치 요법을 선택한 결과 장수할 수 있었던 환자의 사례를 많이 갖고 있기 때문입니다.

증명하기 위해서는 비교 실험이 필요하다

정말로 암 치료가 효과적이라고 주장하고 싶다면 비교 실험을 시행할 필요가 있습니다.

비교 실험이란 동일한 조건 하에서 암을 절제한 사람과 절제하지 않은 사람을 비교하여 추적 조사를 해서 어느 쪽의 생존율이 높은지 데이터를 수집한 다음 비교하는 것입니다.

곤도 선생은 직접 '암을 절제하지 않아도 사망률에는 차이가 없으며 절제한 사람의 사망률이 높다.'라는 내용의 비교 실험 결과를 몇몇 해외 논문지에 기고했습니다.

한편 곤도 선생을 비판하는 학자들은 비교 실험을 실시하려고 하지 않습니다. 즉 '암을 절제하지 않으면 사망할 확률이 높다.'라는 증명은 행하지 않은 그대로인 것입니다.

암을 절제하지 않고 사망한 사람은 대부분 암이 전이를 일으킨 경우입니다. 만일 암 절제 수술을 했더라도 전이가 발생할 가능성은 높다고 할 수 있습니다.

전이를 일으키는 암의 경우에는 기존 암세포가 수 센티미터까지 발전했을 당시 0.1mm 정도 크기의 전이를 일으키는 사례가 많습니다.

현재의 의학으로는 그 이하로 작은 전이 암세포를 발견하기 힘듭니다. 즉 암이 전이를 일으킨 환자는 절제 수술을 하더라도 치료 효과를 얻을 수 없다는 뜻이 됩니다.

오히려 신체의 장기를 크게 잘라낸 만큼 저항력이 약해져서 사망 위험이 높아진다고 보기도 합니다.

전이가 발생하지 않았는데 암세포를 절제하지 않고 방치한 탓에 해당 암을 원인으로 사망한다면 곤도 선생의 주장이 틀렸다고 반론할 수 있습니다. 그러나 암에 의한 사망자 대부분은 그 조건에 들어맞지 않습니다.

모르는 것은 일단 검증해 본다

어쨌든 암으로 인한 사망자의 사례를 가지고 곤도 선생의 이론에 반론하는 것은 무리라는 뜻입니다.

제가 의학부 교수였다면 연구비와 인력을 총동원해서 대규모 비교 실험을 행하여 그 결과를 바탕으로 반론을 했을 것입니다.

모르는 분야에 대해서는 적절한 검증을 실시하고 그 결과를 존중한다. 그것이 공정한 논쟁입니다.

만일 본인의 이론이 틀렸다 하더라도 새로운 사실을 발견하여

모두가 상식이라 생각하는 것이
반드시 증명된 사실은 아닙니다.

환자에게 이익을 줄 수 있습니다.

하지만 일본의 대학에서는 그렇게 공정한 논쟁을 지향하는 사람은 애초에 교수가 되기 어렵습니다.

'암은 절제해야 하는 것'이라는 전례를 한결같이 답습하는 상태입니다.

의사의 실수에서
무엇을 배울 수 있는가?

혈압강하제는 효과가 있나?

그 밖에도 비슷한 이야기가 있습니다.

디오반이라는 약이 있습니다. 혈압을 낮추는 효과가 있다고 해서 고혈압 약으로 사용됩니다. 디오반은 유럽과 미국에서 열린 대규모 조사 결과 뇌경색이나 심근경색을 예방하는 효과가 있다는 사실이 밝혀졌습니다.

애초에 왜 뇌경색이나 심근경색을 예방하기 위하여 강압제가 필요한 것일까요? 그 구조부터 알아봅시다.

한때 일본의 식량 사정이 나빴던 시절에는 많은 사람이 단백질이 부족한 식생활을 영위했습니다. 단백질이 부족하면 혈관이 약해집니다. 단백질은 혈관의 재료가 되기 때문입니다. 고무 타이어가 아주 얇아져서 터질 것 같은 상태를 생각하면 이해하기 쉬울 것입니다.

옛날 사람들이 고혈압을 두려워한 것은 혈관이 터져서 뇌졸중이 될 위험이 높았기 때문입니다. 실제로 예전에는 160 정도의 혈압 때문에 뇌졸중으로 쓰러지는 사람이 많았습니다.

그러나 현재는 혈압 160 정도로 뇌졸중을 일으키는 사람은 줄어들었습니다. 영양 상태가 개선되고 고기 등 단백질을 섭취하면서 혈관이 강화되었기 때문입니다.

하지만 높은 혈압을 그대로 방치하면 동맥경화의 원인이 되어서 향후 심근경색이나 뇌경색을 일으킬 위험이 있습니다. 그 때문에 많은 의료기관에서 혈압 수치가 일정 이상이 되면 혈압강하제를 처방하는 것입니다.

지금 일본의 고령자 중에는 강압제를 일상적으로 복용하는 사람의 숫자가 결코 적지 않습니다. 그런데 사실 일본에서는 미국과 유럽처럼 강압제가 장기적으로 뇌경색이나 심근경색에 걸릴 위험을 낮춰 주는가에 대한 대규모 조사를 행한 적이 거의 없습니다.

효과가 입증되지 않은 채로 혈압을 내리는 약을 열심히 복용하는 사람만 많은 상황이 계속 이어지는 중입니다.

서양 의료는 증거를 기반으로 한다

구미의 생명보험 회사에서는 강압제를 복용하고 혈압이 저하되었다고 해서 보험을 적용해 주지 않습니다.

해당 약을 복용하면 향후 뇌경색 또는 심근경색을 일으킬 확률이 낮아진다는 증거(해당 치료법이 효과적이라는 과학적 근거)를 제시할 필요가 있습니다.

덧붙여서 의사의 경험이나 관습 등에 의존하지 않고 증거를 기반으로 삼는 의료를 근거중심의학(evidence-based medicine)이라고 합니다.

구미에서는 어떠한 약에 효과가 있다고 증명하는 조사의 스폰서를 제약회사가 담당합니다. 반대로 약을 줄여도 건강해질 확률이 줄어들지 않는다는 내용의 조사 스폰서는 보험회사가 담당합니다. 덕분에 증거 조사를 행하기 쉬운 환경이 됩니다.

한편 일본에서는 스폰서가 붙기 어려우므로 대규모 조사를 행하는 연구자가 적은 것이 현실입니다. 효용이 입증되지 않은 채로 의사가 고혈압 환자에게 약을 처방하더라도 아무도 불평을 하지 않습니다.

디오반 사건을 알고 있나요?

일본에서도 교토 부립 의과대학, 도쿄 지케이카이 의과대학, 시가 의과대학, 지바 대학, 나고야 대학에 의하여 디오반의 대규모 임상 연구가 진행된 적이 있습니다.

디오반을 일본에서 유일하게 근거 중심에 필적한 수준의 약으로서 판매하고자 한 것입니다.

그런데 이 연구가 향후 대사건을 일으키고 맙니다.

제약회사 사원이 신분을 숨기고 해당 연구 실험에 참여했다는 사실이 밝혀진 것입니다.

제약회사 사원이 실험에 참가하면 어떻게 될까요?

약의 효과가 없는데도 있는 것처럼 결과를 유도하는 논문 데이터 조작이 행해졌습니다. 제약회사가 대학 측에 기부금을 통한 이익 공여를 주도했다는 사실도 드러났습니다.

이것이 디오반 사건이라 불리는 임상 연구 부정 사건의 전말입니다.

언론에서는 의학부 교수의 도덕성과 제약회사의 준법성에 문제가 있었다고 엄격하게 추궁했습니다. 하지만 이는 문제의 일면에 지나지 않습니다.

데이터가 없는데 신뢰받는 이유

문제의 본질은 미국과 유럽에서 제일 효과가 좋다는 데이터를 확보한 혈압약마저 일본에서는 데이터 조작을 하지 않으면 안 될

권위자가 하는 말이라도
해 보지 않으면 모릅니다.

정도로 좋은 결과가 나오지 않았다는 점입니다. 이러한 결과로부터 구미에서도 좋은 데이터가 나오지 않은 다른 혈압약은 더더욱 효과가 없을 것이라는 점을 상정할 수 있습니다.

디오반 사건은 '지금 일본에서 유통되는 혈압약에는 뇌졸중이나 심근경색 발생 확률을 낮추는 효과가 없다.'는 점을 시사합니다.

혈압약에 효과가 없다면 복용할 필요가 없습니다. 그러면 일본의 의료비를 얼마나 절감할 수 있을지 모릅니다.

하지만 이상하게도 이 점을 지적하는 보도는 거의 나오지 않았습니다.

일본에서 환자에게 계속 혈압약을 처방하고 싶다면 디오반 이외의 약에도 대규모 조사를 행하여 제대로 근거를 수집해야 합니다.

그런데 그러한 기미는 전혀 보이지 않습니다. 아마 앞으로도 조사를 하자고 말을 꺼내는 학자는 나타나지 않겠지요.

상식도 의심의 눈으로 본다

대사증후군인 사람이 장수한다?

"암은 절제하는 것이 좋다."

"고혈압이 되면 약을 복용하는 것이 좋다."

이처럼 세상에는 어쩌다 보니 상식이 된 정보라도 실제로 확인해 보지 않으면 알 수 없는 것이 많습니다.

오히려 기존 의학 상식과 다른 데이터가 나온 사례도 많습니다.

"콜레스테롤 수치도, 혈당치도, 혈압도 낮은 것이 좋다."

"대사증후군이 되면 사망 위험이 높아진다."

이렇게 생각하는 사람이 많지만 실제로는 콜레스테롤 수치가 높은 사람, 혈당치가 높은 사람, 살짝 통통한 사람이 장수한다는 데이터가 나왔습니다.

BMI 5~30 미만인 사람이 장수한다는 연구 결과가 다양하게 나와 있지만 일본비만학회가 정한 기준으로는 BMI 18.5 미만은 저체중(마름), 18.5 이상 25 미만은 보통 체중, 25 이상은 비만입니다.

따라서 BMI 25~30인 사람은 대사증후군으로 인정됩니다.

현실적으로 BMI 25~30인 사람이 직장의 건강 진단 등에서 대사증후군으로 인정받아 건강 관리를 받는 케이스가 일상적으로 있습니다.

동물 실험 결과는 올바른가?

학자들은 새로운 상식을 "기존의 학설에 위배됩니다."라고 주장하며 무시합니다. 여태까지 "대사증후군을 주의합시다."라고 염불처럼 되뇝니다. 그야말로 전례를 답습하는 생각 패턴입니다.

"동물 실험으로 대사증후군의 사망 위험이 높다는 것이 증명되었다."고 주장하는 사람도 있습니다.

이들은 '지방이 늘어나면 아디포넥틴이라는 호르몬의 분비량이 적어지므로 동맥경화를 일으키기 쉽다.'는 이론을 제기하지만, 사람에게 적용해도 같은 결과가 나오는지 제대로 조사한 다음 주장하기를 바라는 마음입니다.

"시르투인 유전자라는 장수 효과가 있는 유전자가 있으며, 신체가 기아 상태일 때 활동한다. 그러니 마른 편이 장수하는 것이다."

이러한 학설도 곧잘 들립니다. 확실히 일리가 있는 내용으로, 동물은 거의 대부분 기아 상태일 때 장수한다고 알려져 있습니다.

그런데 인간의 경우 심리적 요인이 맞물려서 기아로 인한 스트레스가 해를 끼친다는 사실을 간과합니다.

일본에서는 동물 실험을 통한 데이터가 인간에게도 적용된다는 전제 하에 연구를 하는 사람이 의학부 교수를 맡고 있습니다.

일반인은 의학부 교수가 하는 말을 믿고 동물 실험의 결과를 있는 그대로 받아들입니다. 동물 실험 결과가 인간에게 정확히 들어맞을 것이라고 단정할 수는 없습니다. 인간을 대상으로 한 실험이 훨씬 중요하지요. 한 걸음 더 나아가 말하자면 일본인의 체질과 식생활에 맞춘 실험이 더욱 중요할 것입니다.

언론도 전례 답습에 물들어 있다

원래 나이를 먹으면 혈관 벽이 두꺼워지기 때문에 혈압이 오르는 것은 자연스러운 일입니다. 그러나 어째서인지 젊은 사람도, 노인도 혈압의 정상치 기준은 동일합니다.

정상적인 상황에서는 고령자 의료를 담당하는 의사들이 주도해서 노인 계층의 혈압이나 혈당치에서 제일 사망률이 낮은 값을 조사하여 새로운 기준을 세우거나, 고령자의 약물 사용량을 줄이기 위한 연구를 행하는 것이 이치입니다.

그런데 고령자에게도 젊은 사람과 같은 기준으로 많은 약을 처방하는 의료 방식이 오랜 기간 지속됩니다.

이것은 일본노년의학회의 체질 문제이기도 하지만 어쨌든 믿을 수 없는 데이터가 만연한 것은 사실입니다.

언론도 의학부 교수의 발언을 믿고 곧이곧대로 말 전하기 게임을 할 뿐입니다.

"현재 종래의 상식과 다른 내용의 데이터가 나왔는데요. 이것에 반론할 수 있는 데이터가 있나요?"

"동물 대신 인간을 대상으로 한 실험이 아니라면 정확하다고 단언할 수 없지 않습니까?"

이렇게 정면 돌파 방식으로 질문을 던지는 기자는 안타깝게도 존재하지 않지요. 다들 전례 답습이라는 생각의 함정에 빠져 있습니다.

세상에는 검증되지 않은 것도
분명 옳을 것이라고 단정하는 게 많습니다.

다른 사람과 비교하는 것은 불행의 시작이다.
의식적으로 마이 웨이로 사는 것이 중요하다.

4
—

'다른 사람은 어떻게 생각할까?'라고 생각하지 말고
'남은 남, 나는 나야.'라고 생각하세요.

제대로 지는 법을 알아 둔다

잘 풀리지 않을 때의 대처법

다른 사람과의 경쟁을 강하게 의식하는 사람은 한 번의 실패에 큰 충격을 받습니다. 예를 들어 승진 시험에 불합격하면 '이제 출세의 길은 끊겼다.' 하고 절망적인 기분에 빠집니다.

충격을 받은 나머지 일이 손에 잡히지 않거나 생각한 만큼 성과를 올리지 못하게 됩니다. 그로 인해 주변의 평가가 낮아지니 더더욱 불만이 쌓이는 악순환에 빠지게 됩니다.

물론 일이 잘 풀리지 않을 때 기분이 우울해지는 것은 인간으로서 당연한 반응입니다. 다만 언제까지나 우울하게 있어 봤자 상황은 개선되지 않습니다.

'나는 나'라며 달관하는 사람은 이 시점에서 기분 전환을 합니다.

"이번에는 시험에 실패했지만 다음 기회에 다시 도전하면 돼."
"열심히 하다 보면 또 기회가 올 거야."

이런 식으로 생각하며 마음을 다잡고 다시 한 번 목표를 향하여 나아갑니다.

중요한 것은 어떤 일이 잘 풀리지 않을 때 차선책을 고를 수 있는가입니다.

차선책이라고 말하면 타협의 결과물이라고 생각하는 사람도 있겠지요.

하지만 저는 차선책을 고르는 것 자체에 부정적이지는 않습니다. 차선책을 골랐다고 해서 목표가 없어지거나 달라지는 것은 아니기 때문입니다.

앞서 말한 예를 들자면 승진 시험에 실패했다고 해서 회사에서의 경력 자체가 막혀 버린 것은 아닙니다.

부지런히 업무를 해 나가다 보면 누군가가 인정을 해 주기 마련이고, 승진의 기회는 나중에도 몇 번이고 찾아올 것입니다.

버리는 부분을 찾아낸다

다른 사람과의 승부에 연연하지 않는 사람은 제대로 지는 법을 아는 사람이기도 합니다. '여기서는 져도 괜찮다.', '양보해도 문제없다.'라고 판단할 수 있기 때문입니다.

예를 들어 거래처와 문제가 발생해서 상대방에게 어떠한 요구를 받았을 때, 적당히 '버리는 부분'을 찾아내서 필요하다면 머리를 숙이는 유연성을 적절하게 발휘합니다.

이러한 상황에서 나 자신의 정당성을 주장한다 한들 문제는 해결되지 않습니다. 오히려 상대방에게 양보하는 자세를 보여 주고 한 발 뒤로 빼는 편이 결과적으로 사태를 오래 지속하지 않고 피해를 최소한으로 줄일 수 있습니다.

겉으로 보면 손해를 보는 것 같지만 전체적으로 살펴보면 이득을 보는 일이 많습니다.

어쨌든 일이 잘 풀리지 않을 때는 '일단 뒤로 물러선다.', '수준을 낮춘다.', '일부를 포기한다.' 등의 유연하게 지는 법을 생각하는 것이 중요합니다.

주변 사람에게 "패배했네."라는 평가를 듣더라도 신경 쓸 필요 없습니다. 한 번 패배를 맛보았다 하더라도 모든 것이 끝나는 것은 아닙니다.

기회는 앞으로도 많습니다. 패배한 지점에서 다시 한 번 새롭게 시작하면 다시금 목표에 가까이 다가갈 수 있습니다.

잘 풀리지 않을 때는 일단 저도 됩니다.

남과 똑같다면
불행하다고 느끼지 않는다

모두의 급여가 낮아지면 불만이 없다

민간 급여 실태 통계 조사(국세청)에 따르면 2016년의 일본인 평균 급여는 약 421만 엔입니다. 약 467만 엔이던 1997년에 비교하면 10% 가까이 감소했습니다.

리먼 쇼크를 겪은 후인 2009년에는 약 406만 엔까지 떨어졌으니 다소 회복한 것은 사실이지만 20년 전보다 가난한 상태입니다.

그러나 국가 선거 등을 앞두었을 때 본인의 급여에 불만을 표명하는 사람은 거의 없습니다.

그렇다면 경기가 좋았던 버블 시대에는 모두가 자신의 급여에 만족했을까요? 결코 만족한 사람만 있었던 것은 아니었습니다.

주변 사람이 모두 고수익을 올리면 자신도 더 많은 수입을 얻고 싶어서 불만을 가지고, 주변이 모두 저수익에 만족한다면 본인도 어느새 납득하고 마는 것이 인간이라는 존재입니다.

손해 보고 싶지 않다는 심리

인간의 심리 중에는 '현상 유지 바이어스'라는 기능이 있습니다. 이는 변화로 인하여 얻을 수 있는 이득 이상으로 변화에 의한 손실의 위험을 두려워하여 현상 유지를 원하는 경향입니다.

인간에게는 '손해를 보고 싶지 않다.'는 심리가 강력하게 작용하기 때문에 조금이라도 손해를 볼 가능성이 있을 경우 현상 유지를 희망합니다.

이러한 심리학의 관점에서 경제학을 설파하여 노벨 경제학상을 수상한 것이 미국의 심리학자 겸 행동경제학자인 대니얼 카너먼입니다. 덧붙여 말하자면 2017년에도 행동경제학자인 리처드 세일러가 노벨 경제학상을 수상했습니다.

정권 비리가 잇따라 밝혀져도 막상 선거를 하면 여당이 압도적인 승리를 거둡니다. 현상 유지 바이어스는 이러한 현상의 요인 중 하나입니다.

특히 젊은 시대는 호황을 누리던 시대를 알지 못합니다. 처음부터 경기는 침체되어 있는 것이라는 전제 하에 성장하였으니 '지금 이대로가 좋아.'라고 생각하는 것도 당연한 일입니다.

수험생의 학력이 떨어지고 있다?

오랜 기간 입시 공부 지도를 하면서 수험생을 위한 책을 집필한 탓에 저는 편차치 긍정론자라는 오해를 받습니다. 하지만 실제로 저는 극심한 편차치 부정론자입니다.

편차치는 집단 속에서 내가 어느 정도 위치에 있는지를 나타내는 수치입니다. 그러므로 30년 전 '편차치 50'인 수험생과 지금 '편차치 50'인 수험생은 학력이 완전히 다릅니다.

동시대의 학력이 전체적으로 저조하다면 본인의 학력이 뛰어나지 않아도 간단하게 평균 이상의 편차치를 낼 수 있습니다. 편차치주의에 물들면 스스로 노력해서 학력을 올리기보다 전체의 편차치가 내려가는 쪽이 '편하고 이득이다.'라는 발상을 하게 됩니다.

결과적으로 의식적이든 무의식적이든 동료의 다리를 거는 형태로 공부가 변질되어 버립니다. 또는 모두가 저학력이라면 내가 저학력이라도 불만이 없다는 생각에 빠져서 노력을 포기하는 방향으로 바뀔 수 있습니다.

이는 소득이 떨어져도 어느새 만족하고 마는 것과 마찬가지로, 매우 건강하지 못한 자세라고 할 수 있습니다.

인간은 현상 유지에 만족하는 경향이 있습니다.

다른 사람과 비교하여
이기려는 행동은 무의미하다

내가 편차치를 부정하는 이유

저는 편차치를 올리는 목적으로 입시 공부 지도를 한 적이 없습니다. 도쿄 대학교의 2차 시험에 합격하려면 필요하다고 평가되는 점수가 있기 때문에 해당 점수를 확실하게 딸 수 있는 공부를 가르칩니다.

제가 편차치라는 기준으로는 성과를 올릴 수 없다고 생각하게 된 것은 나다 고등학교에서의 체험 때문입니다.

나다 고등학교에는 친구들끼리 서로 도와서 도쿄 대학교 합격자를 한 사람이라도 늘리려는 분위기가 있습니다. 당시 동급생들이 종종 서로 주고받던 대화는 다음과 같습니다.

"도쿄 대학교의 이과 3류는 일본에서 제일 난관이라고 꼽히는 분야이지만 440점 만점 중에서 290점을 따면 합격할 수 있다. 문과 1류는 250점, 이과 1류는 240점이면 합격한다. 합격할 수 있는 점수가 정해져 있으니 그걸 획득하면 되는 일이고, 편차치를 신경 쓸 필요 따위는 없다."

당시 한 주간지에 나다 고등학교를 무대로 한 『소설 나다 고등학교』라는 작품이 게재된 적이 있습니다. 소설 속에는 나다 고등학생은 '친구가 입시 공부로 괴로워하며 자살하면 팥밥을 지으며 기뻐한다.'라는 식으로 일어난 적도 없는 사건이 등장했습니다.

입시 전쟁을 선정적으로 그려야 입시에 비판적인 자세를 갖춘 독자의 분풀이가 될 거라는 계산이었겠지요.

그 당시에는 입시 공부를 부정적으로 받아들이는 풍조가 강했기 때문에 입시 과정은 메마른 경쟁 사회를 조장할 뿐이라는 식의 논조가 빈번하게 들려왔습니다.

하지만 그러한 비판은 대부분 진정한 의미의 입시를 이해하지 못하는 사람들의 생각이라는 점을 당사자인 우리들은 잘 압니다.

'도쿄 대학교에 합격할 수 있는 점수를 목표로 삼으면 된다.'

이런 발상을 하면 동급생의 발목을 잡고 본인의 편차치를 올리는 것보다 서로 도우면서 점수를 올리는 편이 당연히 좋습니다.

그래서 나다 고등학교의 학생들은 서로 도우면서 본인의 기량을 올리는 것에 주력했습니다.

주변 사람을 이길 수 있는지 여부보다 자신의 기량을 높이는 것이 중요하다. 저는 나다 고등학교에서 이러한 교훈을 얻었습니다.

다른 사람과 비교하는 발상

인간을 부자유하게 만드는 대표적인 행위가 있습니다.

'다른 사람과 비교해서 이기고 싶다고 생각하는 것'이나 '다른 사람이 자신을 어떻게 생각하는지 신경 쓰는 것'입니다. 남과 비교해서 내가 행복한지를 판단하는 것만큼 정신적으로 가난하고 어리석은 삶은 없습니다.

예를 들어 친구에게 미남(또는 미녀) 애인이 생겼을 때, 자신이 더욱 조건이 좋은 연인을 만들기 위해 혈안이 되거나 연인이 없는 본인을 불행하기 여기는 행동에 무슨 의미가 있습니까?

다른 사람과 비교해서 이기려고 해 봤자 불행해질 뿐입니다.

친구에게 애인이 생겼다고 해서 자신의 가치가 떨어지는 것은 아닙니다.

반대로 친구가 품행이 나쁜 애인과 사귄다고 해서 본인의 가치가 올라가는 것도 아닙니다.

주변 사람과 자신을 비교하는 한 주위에 끌려가는 삶에서 벗어날 수 없습니다.

인생은 자신의 것입니다. 자기 나름대로 인생의 목표를 세우고 그러한 목표를 달성하기 위해 노력하면 됩니다.

주위와 비교하는 것보다
자신의 가치를 높이는 것이 중요합니다.

돈이 전부는 아니다

공부는 지위 향상을 위한 도구였다

일본은 오랫동안 학력 사회라고 알려졌는데, 사실 다른 나라의 학력 사회와는 형태가 다릅니다.

간단하게 말하자면 학력이 결코 돈을 벌기 위한 도구였다고는 말할 수 없습니다. 예전에는 주로 사회적 지위를 높이기 위해서 학력을 갖추려는 사람이 많았습니다.

제가 학생이었던 시절에는 장사로 성공한 가정의 부모가 아이에게 제대로 학력을 갖추도록 만들기 위해서 필사적으로 노력하는 모습을 자주 보았습니다.

이미 장사로 성공을 거두었으니 가난을 딛고 올라가기 위해 학력을 쌓을 필요는 없었습니다. 그들은 장사로 성공했지만 본인의 배움이 부족한 것에 콤플렉스를 느꼈기 때문에 아이들의 사회적 지위를 향상시키려는 마음으로 교육에 힘을 쏟은 것입니다.

한편 도쿄 대학교를 졸업하고 공무원이 된 사람들에게는 '우리는 그저 돈을 벌기 위해 사는 사람보다 숭고한 일을 한다.'는 자부심과 긍지가 있었습니다.

그런데 지금은 어떻습니까?

사업으로 성공하여 고소득을 얻은 가정에서는 굳이 아이를 학문의 길로 밀어붙이지 않고 빠르면 유치원, 초등학교부터 부속학교에 입학시켜 그저 애지중지할 뿐입니다.

관료 예비군이던 도쿄 대학생 중에도 '관료가 되기보다 외국계 기업에서 고소득을 얻는 편이 좋다.'라고 생각하는 사람이 늘어났습니다.

'돈을 가진 사람은 대단하다.'는 가치관이 만연하면서 그러한 척도로 남과 자신을 비교하여 성공 정도를 측정하게 된 것입니다.

오타쿠가 행복한 이유

무엇보다 이 시점에서 한 줄기 빛을 찾을 수 있습니다. 현재 사회는 포스트 자본주의 사회라는 이름이 붙으면서 돈은 다양한 가치 중 하나라는 개념을 탄생시켰습니다.

저는 소위 오타쿠나 괴짜라고 불리는 사람들이 행복을 누린다고 생각합니다. 돈만 내면 중요한 컬렉션을 모을 수 있는 수집가와 달리 오타쿠나 괴짜는 예를 들어 '폐허를 탐험한다.' 등의 체험이나 SNS 상의 평가 등을 중요시합니다.

라멘 오타쿠라면 고급 미식을 즐기는 사람처럼 고액의 돈을 투자하지 않고도 맛있는 라멘을 즐길 수 있습니다.

돈으로 다른 사람과 자신을 비교하는 가치관으로부터 자유로워지면 삶을 즐길 여지가 많이 생겨나는 것입니다.

다른 사람과 자신을 비교하는 한 본인의 행동은 큰 폭으로 제한됩니다. 다른 사람의 눈에 신경을 쓰기 때문에 언제나 불안에 떨거나 만족하지 못하고, 또는 만족하지 않아도 되는 수준에 만족해 버리기도 합니다.

인생에서 만족의 기준을 결정하는 것은 어디까지나 자기 자신입니다. 좋아하는 취미에 몰두하면 만족한다고 생각할 수도 있고, 자유롭게 일을 할 수 있다면 수입이 적더라도 만족스럽다고 판단할 수 있습니다.

만족하는 기준을 스스로 세우면 인생은 더욱 살기 쉬워집니다.

삶의 만족을 결정하는 것은
다른 사람이 아니라 자기 자신입니다.

자기가 해야 할 일을
가능한 빨리 시작한다

자신의 속도를 소중히 여기자

다른 사람의 속도에 현혹되지 말고 자신의 속도를 지키기 위해 중요한 것은 '본인이 해야 할 일'을 명확하게 가지는 것입니다.

해야 할 일은 사람에 따라서 다양합니다. 직장인이라면 회사에서 주어진 일이고, 수험생이라면 입시 공부이며, 전업 주부라면 가사나 육아가 되겠지요.

해야 할 일을 살피고 어찌되었든 최선을 다한다. 이것이 마이 웨이로 사는 최선의 방법입니다. 당분간 해야 할 일이 없다면 휴양을 하거나 취미에 종사하면 됩니다.

중요한 것은 스스로 마땅히 해야 할 일을 발견하여 몰두하는 것입니다. 다른 사람의 행동이나 발언 등에 좌우되어서는 안 됩니다.

'다들 아웃도어 라이프를 즐기니까 나도 밖에 좀 나가는 편이 좋을까?'

'전업 주부의 삶은 이제 시대에 뒤떨어진 걸까?'

이런 식으로 주변의 움직임에 휩쓸리기 때문에 본인의 길을 잃어버리는 것입니다.

마이 웨이가 되면 조급해지지 않는다

마땅히 해야 할 일을 찾았다면 우선 착수하세요.

어떤 일이라도 본인의 방식으로 시작하면 신기하게 기분이 좋아집니다.

일이건 취미건 그렇게 담담하게 이어가다 보면 조금씩이라도 확실하게 성과가 쌓여 갑니다. 처음에는 너무 커서 달성하기 불가능해 보이던 커다란 목표에도 확실하게 가까워져 갑니다.

일단 손을 대면 눈앞의 대상에 집중할 수 있으므로 이것저것 쓸데없는 일을 생각하지 않을 수 있습니다.

'마땅히 해야 할 일'에 빨리 착수한 사람은 정신적으로 평온한 상태이기 때문에 도중에 정체되더라도 조급해하지 않습니다.

이에 반하여 착수하기까지 시간이 걸리는 사람은 의욕을 내거나 순서를 따지는 등의 밑작업에 공을 들입니다.

작업을 시작하고 나서도 다른 사람의 행동에 정신이 팔려서 '따라잡자', '뒤처져 있을 수는 없어.'라고 생각하며 초조해합니다.

그래서 언제나 압박을 느끼게 되는 것입니다.

자신의 방법으로 빠르게 착수하는 사람은 일찌감치 '해야 할 일'을 끝냅니다. 그 덕분에 다음 차례로 집중할 대상을 발견하여 더욱 빨리 착수할 수 있습니다. 그런 식으로 점점 할 수 있는 일을 늘립니다.

예를 들어 직장에서 마이 웨이를 유지하는 사람은 하루의 업무를 착착 해치우고 퇴근 후에는 개인적인 취미나 공부 모임 등에 참가합니다.

이러한 유형의 사람은 주로 직장 내에서는 과묵한 탓에 눈에 띄지 않지만 대화를 나누어 보면 교양의 깊이에 놀라게 되는 부류로 꼽힙니다. 이는 견실하게 업무를 해내면서 개인 여가 시간에도 전력을 기울이기 때문입니다.

다른 사람에게 현혹되지 않고 빠르게 해야 할 일에 착수하는 사람은 일과 사생활 모두에 충실할 수 있는 사람이기도 한 것입니다.

마이 웨이인 사람은 자기가 하는 일에 집중합니다.

서둘러서 하면 대체로 실패한다.
돌아가는 것을 두려워하지 말고 제대로 살아가자.

5

'지금 해내지 못한다면?'이라고 생각하지 말고
'결론적으로 성공한다면 괜찮아.'라고 생각하세요.

지금 당장 성과를 내지 않아도 좋다

정답을 서둘러 찾을 필요는 없다

지금은 '속도가 생명', '지금 당장 성과를 내야 한다.'는 풍조가 일반적으로 통용되는 것 같습니다. 상징적인 말로는 2013년 신조어·유행어 연간 대상으로 선정된 '지금이죠!'라는 문구가 있지요. 이는 학원 강사인 오사무 하야시가 텔레비전 광고에서 사용한 덕분에 순식간에 불이 붙은 캐치프레이즈입니다.

'지금이죠!'가 사람들의 입에 오르내리던 즈음부터 '지금 하지 않으면 출발이 늦어지고 만다.', '늦으면 돌이킬 수 없다.'는 압박이 강해졌다고 생각합니다.

물론 뭐든지 결과가 나오기 전까지는 해 보지 않으면 모르는 것이므로 생각이 났을 때 바로 시도하는 자세는 중요합니다. 빨리 시도한 만큼 성공할 가능성이 높아집니다.

그러나 정답을 서둘러 찾을 필요는 없습니다. 마지막 결론을 내거나 성과를 내는 것은 시간을 들여도 좋습니다. 몇 번이고 시도해서 제일 좋다고 생각되는 해답을 고르는 자세가 중요하지, 속도가 생명인 것은 아닙니다.

초조함에 빠지면 판단을 그르친다

"일단 자료를 조사해 본 다음에 답변을 드리겠습니다."

이는 전형적인 공무원식 답변 문구로, 속도전을 요구하는 현재의 비즈니스 세계에는 적합하지 않다고 여겨지기 쉽습니다. 하지만 기본적으로 시간을 들여서 조사를 해야 좋은 대답이 나오는 것이 당연합니다.

송금 사기는 속도에 쫓기는 현대인의 압박을 교묘하게 이용한 범죄입니다.

"오후 3시까지 돈을 준비하지 못하면 회사에서 잘린다."

"앞으로 1시간 안에 어음이 부도나고 만다. 지금 상사와 함께 돈을 긁어모으는 중이다."

송금 사기범은 지금 당장 돈이 필요하다는 상황을 호소해서 피해자를 사고 정지 상태로 몰아갑니다. 냉정하게 생각하면 부자연스러운 요소가 많이 있는데도 순순히 피해를 당하고 마는 사례가 끊이지 않는 것은 그 때문입니다.

사람은 생각할 시간이 짧을수록 판단을 그르칠 가능성이 높아집니다. 중의원의 경우 선거 운동이 가능한 기간은 공시일부터 투표일 전날까지로 총 12일입니다. 그 단시간에 국정을 좌우할 선거 후보자를 선택해야만 합니다. 지명도가 높은 인물, 부모의 기반이 탄탄한 인물이 당연히 유리하겠지요. 그래서 평범하게 순풍이 부는 정당으로 표가 흐르는 분위기가 쉽게 조성됩니다. 선거 후에 스캔들이나 실언으로 실각하는 의원이 잇따르는 것은 단시간에 결론을 내는 방식과 관계가 없다고 단언할 수 없습니다. 적어도 미국 등에서는 선거 기간이 1년씩 걸리는 것이 당연한 일이니까요.

중요한 판단은 시간을 들여서 내리는 편이 좋습니다.

인생의 선택은
서두르지 않아도 괜찮다

서둘러서 선택하기 때문에 실패한다

29세 증후군이라는 말이 있습니다.

30세를 목전에 둔 여성이 결혼이나 출산, 업무 면에서 제대로 커리어를 쌓지 못한 현실에 조급함을 느끼며 '이대로도 괜찮은 것일까?' 하고 고민하는 상태를 뜻하는 말입니다.

최근 들어서는 만혼화 풍조를 반영한 39세 증후군이라는 말도 들려오곤 합니다.

40세의 고비를 앞에 두고 29세와 같은 고민에 직면하는 사람이 있습니다.

하지만 조급해한다고 해서 해결될 일은 없습니다.

'30세까지는 어떻게든 결혼하고 싶다.'

'30대일 때 결혼하지 않으면 아이를 기대할 수 없어.'

이렇게 조급한 마음으로 선택을 하면 실수를 일으키고 맙니다.

서둘러서 결론을 내려고 재촉한 결과 본의 아닌 상대와 결혼하거나, 얼마 지나지 않아 이혼하는 사례를 흔히 볼 수 있습니다.

20세인 사람에게는 25세가 인생의 한계점처럼 느껴지기도 합니다. 29세가 되면 30세가, 39세가 되면 40세가 마찬가지로 느껴지지만, 한 걸음 떨어져서 바라보면 조급하게 생각할 필요는 전혀 없습니다.

29세에 서둘러서 결혼하기보다 31세에 알게 된 멋진 상대와 결혼하는 편이 보다 행복한 가정을 꾸릴 가능성이 높습니다. 40대가 되더라도 마찬가지입니다.

지금은 이혼도 계속 늘어납니다.

30대에 이혼한 후 40대가 되어서 재혼할 가능성 또한 충분히 상정할 수 있습니다. 뿐만 아니라 70대가 되어서 황혼이혼을 한 다음, 여생을 좋아하는 연인과 함께하기도 합니다.

장기적으로 생각하면 초조해하지 말고 여러 사람을 만나 보면서 최고의 파트너를 선택하는 것이 중요하다는 것을 알 수 있습니다.

인생을 멀리서 내려다보면서 파악한다

저는 운 좋게도 현역으로 도쿄 대학교에 합격했지만 실제로 입학해 보니 재수를 거쳐서 입학한 학생들 쪽에 제대로 확고한 생각을 갖춘 사람이 많다는 사실을 깨달았습니다.

그들은 재수 과정을 거치면서 장래에 대한 비전을 다졌기 때문에 강한 의지로 동아리에 가입하거나 대학에 들어오자마자 사법고시 준비를 시작하곤 했습니다.

의과대학 교수만 보아도 재수 경험이 있는 사람이 훨씬 적임자에 가깝다고 생각되는 일이 많습니다.

본인의 적성을 파악하는 시간을 가졌기 때문이겠지요. 그렇게 생각하면 재수는 단순한 우회로라고 단정할 수 없습니다.

사회인이 된 후에도 마찬가지입니다. 현재에 집착하면 싫어하는 상사 밑에서 일하는 것을 도저히 참을 수 없어서 상사와 충돌하거나 이직을 반복하게 되기 쉽습니다.

하지만 '앞으로 몇 년만 참으면 상사도 바뀌고 상황도 변한다.'고 생각하면 여유를 가지고 사물을 판단할 수 있습니다.

어쨌든 '지금 바로 성과를 내지 않으면 안 된다.'는 강박에서 자유로워져야 합니다. 작은 시도와 실수를 반복하면서 시간을 들여 해답을 얻는 자세를 갖추면 큰 실수를 피할 수 있습니다.

지금 바로 성과를 내야 한다는
부담감에서 자유로워지세요.

가능한 부분까지 되돌리는 용기

어느 시점까지 되돌리면 최고가 될까?

입시 공부가 정체되어 고민하는 사람에게 제가 자주 물어보는 질문입니다.

'몇 학년까지 내려가면 제일 좋은 성적을 낼 수 있는가?'라는 것이 요지입니다.

예를 들어 성적이 좋지 않은 고등학교 3학년 학생이 있다고 합시다. 이 학생은 중학교 3학년 학급에 들어간다면 1등 성적을 낼 수 있습니다. 그렇다면 중학교 3학년 수준으로 되돌아간 후 거기서부터 다시 공부를 시작하면 됩니다.

물론 교육 제도상 다시 중학교 3학년을 다닐 수는 없지만, 학원에서라면 다시 시작하는 것도 가능합니다. 중학교 3학년 수업에서 상위 성적을 유지한다면 삼수를 하더라도 원하는 대학교에 합격할 가능성이 높아집니다.

만일 고등학교 3학년을 유지하면서 학원에 다닌다면 다른 학생들도 함께 같은 내용의 수업을 받으니 '모르겠는데….'라는 상태가 계속 유지될 뿐입니다. 잘 모르는 채로는 아무리 공부를 한다 한들 결코 알게 되지 않습니다. 원하는 대학교의 합격은 점점 멀어져 버리겠지요.

그러니 공부하는 내용을 제대로 파악하지 못한 채로 제자리걸음을 하는 것보다 일단 중학교 3학년 수업시간까지 되돌아가는 편이 결과적으로 원하는 대학교에 합격하기 쉬워집니다.

10대에서 20대 초반에 2~3년 정도 재수를 하면 출발선부터 엄청나게 뒤처지는 것처럼 느껴질지도 모르지만, 어른이 되고 나면 재수 경험 유무 따위는 거의 문제가 되지 않습니다. 오래된 속담에 빗대어 말하자면 '바쁠수록 돌아가라.'입니다.

오늘 중에 끝내지 않으면 안 된다는 말은 정말일까?

비단 입시 공부뿐만이 아니라 어떤 분야이건 시간을 들이기만 하면 해결책이 발견되는 사례가 많습니다. 잔업이 늘어나는 것 또한 '오늘 중으로 끝내지 않으면 안 된다.'는 압박이 너무 강하기 때문이기도 하지요.

냉정하게 생각해 보면 뒤로 미뤄도 상관없는 일이 많이 있을 것입니다.

빨리 일하고 빨리 출세하고, 그 다음으로 이어서 추구해야 할 목표는 대체 무엇일까요? 어쩌면 조기 퇴직이라는 웃을 수 없는 현실에 맞닥뜨리게 될 가능성도 있지 않을까요?

일에 몰두하는 자세를 인정받아 젊은 나이에 출세하는 것은 겉으로는 이상적인 시스템처럼 보입니다. 하지만 100세까지 사는 장수사회에는 적합하지 않은 인사 등용이라고 생각합니다.

직장인을 단거리 육상 선수처럼 일회용으로 취급하는 것보다 천천히 긴 호흡으로 업무를 이어나가는 시스템을 만들어야 합니다.

속도가 생명이라는 생각 패턴을 강요하는 원흉 중 대표 격이 텔레비전 미디어입니다.

텔레비전의 와이드쇼나 버라이어티 방송에서는 현장의 흐름을 읽으면서 임기응변으로 재미있는 코멘트를 척척 입에 올리는 사람이 영리하다는 평가를 받습니다.

하지만 제가 보기에 정말로 영리한 사람은 곧장 날카로운 코멘트를 던지는 사람이 아니라 다양한 가능성을 떠올릴 수 있는 사람입니다. 여러 가지 가능성을 생각할 수 있는 사람은 불의의 사태를 맞이하더라도 유연하게 대처할 수 있기 때문입니다. 시간이 들더라도 다양한 가능성 중에서 최선의 선택지를 고르는 것이 중요합니다.

초조하게 생각하지 말고
자신의 속도로 목표를 향해 나아가세요.

인생의 정점은 언제일까?

병문안 손님이 끊이지 않는 사람의 비밀

저는 젊은 시절 도내 병원에 설립된 고령자 전문 정신과에서 근무했습니다.

일반 병동에는 은퇴한 전 국회의원 장관이나 일부 상장 기업의 전 사장 등 직함이 화려했던 사람들이 입원하기도 했습니다.

그런 환자들을 여럿 보는 사이에 문득 깨달은 것이 있습니다. 그들 중에는 인맥이 넓어서 병문안 손님이 끊이지 않는 사람이 있는 한편 손님이 거의 드나들지 않아 외로운 말년을 보내는 사람도 있었습니다.

이러한 차이는 대체 어디에서 기인하는 것일까요?

사람들에게서 이런저런 이야기를 듣는 사이에 서서히 사정을 파악하게 되었습니다.

요컨대 문병객이 끊이지 않는 환자는 아랫사람을 아끼던 사람이고, 고독한 환자는 상사에게 아첨하던 사람이었습니다.

현역으로 일할 때 아랫사람을 아끼던 사람은 은퇴한 후에도 은혜를 입은 사람들에게 둘러싸여 계속해서 안부를 물어오는 연락을 받고 상담을 해 주기도 합니다.

이에 반해 상사에게 아첨해서 출세를 한 사람은 대체로 아랫사람에게 미움을 받습니다. 상사는 시간이 지나면 은퇴하여 결국 세상을 떠나갑니다. 최종적으로는 자신을 싫어하는 아랫사람만이 남으므로 누구도 본인을 상대하지 않게 되는 것입니다.

현역일 때 출세했다는 의미로는 동일선상에 있었을지 모르지만, 인생의 마지막 장에 와서는 확실히 명암이 엇갈리고 맙니다.

이러한 현실을 목격한 저는 '어차피 사장이 되건 장관이 되건 긴 삶에서 중간 지점일 뿐이다.', '인생은 마지막에 웃는 자가 이긴다.'라는 교훈을 마음속 깊이 새겼습니다.

출세길에서 탈락해도 문제는 없다

대기업에 취업한 사람은 보통 엘리트라고 불리면서 화려한 인생을 살 거라는 인식이 있습니다.

하지만 실제로는 입사 5년차 정도면 사내에서 출세파와 비출세

파로 나뉘어서, 출세파에 들어가지 못한 사원은 그때부터 정년까지 긴 기간에 걸쳐 오랫동안 좌절감을 맛보게 됩니다.

넉넉한 환경인 대기업에서 근무한다는 점에는 변화가 없지만 출세 코스에서 벗어난 순간 비참한 기분으로 남은 회사 생활을 버텨야 합니다. 그런 사람들은 그다지 행복해 보이지 않습니다.

차관 레이스에서 탈락한 엘리트 관료도 이와 비슷합니다. 행정 관료의 경우 동기 중 한 사람이 사무차관에 취임하면 그 밖의 사람들은 전원 은퇴하고 특수법인이나 외곽단체 등으로 이동합니다. 개중에는 출세에는 관심이 없어서 담담하게 일을 하는 사람도 있지만, 출셋길에서 탈락하면 삶에 절망을 느끼는 사람도 있습니다.

하지만 출세 코스에서 벗어나게 되었다 하더라도 삶은 아직 깁니다.

지금은 '인생 100세 시대'입니다. 만일 40세에 출세 코스에서 탈락했다 하더라도 남은 삶이 아직 60년이나 있습니다. 60년 내내 우울한 상태로 여생을 보낸다는 것은 있을 수 없는 일이고, 그야말로 불행 그 자체라 할 수 있겠지요.

만일 관료로서 차관이 되지 못했다 하더라도 텔레비전 해설자가 될 수도 있고, 대학 교수가 되는 길도 있습니다.

정해진 시기에 출세하지 못했다고 해서 초조함에 떨 필요는 없습니다.

47세에 영화감독으로 데뷔한 경우의 장점

저도 예전에는 제 인생에 안달을 내던 시기가 있었습니다.

원래 영화감독이 되고 싶다는 목표를 이루기 위해서 의학부에 입학했습니다. 그러나 의학부를 졸업하고 의사가 되기는 했지만 영화를 찍을 기회는 쉽사리 찾아오지 않았습니다. 그러던 중에 20대가 지나가고 30대를 흘려보내다가 영화감독으로서 데뷔한 것은 47세 때였습니다.

47세의 감독 데뷔는 늦게 피는 부류에 들어갑니다. 다만 최근 들어서는 늦게 피는 것도 나쁘지 않고 오히려 늦게 피어서 잘되었다고 생각하게 되었습니다.

왜냐하면 젊어서부터 영화를 찍기 시작했지만 50세나 60세, 70세를 넘기고 난 후 영화를 찍지 못하게 된 감독이 많기 때문입니다. 하지만 데뷔 자체가 늦은 저는 70세가 넘고 80세가 지난 뒤에도 감독을 이어갈 수 있을 것 같은 기분이 듭니다.

그러니 아무것도 비관할 필요 따위는 없다고 생각하게 된 것입니다.

언제 시작해도 늦지 않다

현역에서 은퇴한 운동선수가 각성제에 손을 댄 탓에 유죄 판결을 받았다는 뉴스가 눈에 띕니다.

젊은 나이에 연예계에서 활동한 사람이 훗날 팬에게서 돈을 갈취했다는 이야기도 들립니다.

물론 어린 시절에 성공한 경력을 살려서 더욱 위대한 일을 해내는 사람도 많습니다.

하지만 젊은 나이에 성공했다고 해서 남은 삶의 성공이 보장되는 것은 아니라는 것도 사실입니다.

인생은 최종적인 성과로 평가받는 것입니다.

젊은 시절에 좌절을 경험한 사람이 당시의 열등감을 디딤돌 삼아 기술을 연마한 후에 대성하는 경우도 있습니다.

그러니 언제부터 뭔가를 시작하더라도 늦는 일은 없습니다. 사람은 언제나 행복해지기 위해 노력하는 것이 좋습니다.

젊은 나이에 성공하지 못하더라도
최후에 성공하면 됩니다.

장래를 위해 노력하는 것의 의미

불안을 느낄 때의 두 가지 대처법

불확실한 세상 속에서 인간이 불안을 느끼는 것은 당연한 일입니다. 많은 사람이 크건 작건 미래에 대한 불안을 안고 있습니다.

"산업의 AI화가 진행되면 일자리를 잃게 되는 걸까?"

"우리 아이가 사회에서 낙오되지 않고 행복하게 살아갈 수 있을까?"

불안 그 자체는 인간으로서 자연스러운 심리입니다. 그러니 불안을 느끼는 것 자체를 한탄해 봤자 어쩔 수 없는 일입니다.

다만 불안을 느낄 때의 대처법은 두 가지로 나뉩니다.

한 가지는 다른 사람에게 매달려서 불안을 극복하려 드는 것이고, 그리고 다른 한 가지는 자신의 힘으로 불안을 극복하고자 하는 것입니다.

회사에 매달려도 의미가 없다

지금은 대기업조차 회사가 장기적으로 안정적인 상태를 유지할 수 있는지가 불투명한 시대입니다. 회사의 실적이 하락하면 본인이 정리해고 후보가 될 가능성도 있습니다. 그래서 미래의 구조조정을 피하기 위하여 필요 이상으로 회사에 굽신거리는 태도를 취하기도 합니다.

권력이 있는 상사나 인사팀에게 좋은 인상을 남기면 어떻게든 되지 않을까 싶은 마음이겠지만 이는 너무나 뻔하게 들여다보이는 약은 수입니다.

서서히 실적이 저하되는 회사에서는 남에게 베풀어 줄 여유가 없습니다. 어떤 직원이라도 구조조정의 대상이 됩니다.

애당초 회사가 도산해 버린다면 인사팀의 생각 따위는 아무런 의미가 없어집니다.

"여차하면 내가 보살펴 줄게."

회식 자리에서는 그렇게 말하던 상사가 막상 회사가 도산 위기에 처하니 제일 먼저 회사에서 벗어나 버렸다는 것은 아주 흔한 이야기입니다.

회사에 손바닥을 비벼 가면서 불안을 해소할 정도라면 뭔가 자격증이라도 따거나 이직 시장에서 본인의 가치를 가늠하는 편이 훨씬 건설적입니다.

엘리트 은행을 단념한 동급생

예전에 일본흥업은행이라는 은행이 있었습니다. 신입사원 중 80퍼센트가 도쿄 대학교 출신이라는 초엘리트 은행입니다.

이 일본흥업은행은 후지은행에 흡수 합병되어 제일권업은행과 함께 미즈호 코퍼레이트 은행(미즈호은행)으로 통합되었습니다.

제 도쿄 대학교 동창생 중에도 일본흥업은행에 취직한 사람이 있는데, 롯본기힐즈의 힐즈클럽에서 모 유명 작가와 식사를 할 때 우연히 만난 적이 있습니다.

그의 말에 따르면 합병 시에 주저 없이 퇴직하고 외국계 은행으로 전직하는 길을 선택했다고 합니다. 그대로 합병 후의 은행에 눌러앉아 봤자 타은행 출신이 출셋길을 가로채서 찬밥 신세가 될 것이 눈에 뻔히 보였기 때문입니다.

아무래도 친구의 선택이 옳았던 것 같습니다.

힐즈클럽에서 식사를 할 정도이니 수입도 늘어난 것 같고, 그게 아니더라도 한눈에 사람이 즐거워 보였습니다. 회사에 매달리지 않더라도 일만 할 수 있다면 훨씬 나은 근무 형태를 선택할 수도 있는 것입니다.

인생에는 일부 우회하는 시간도 필요합니다.

상위권 대학 출신이 간호학교로 재입학하다

최근에 와세다 대학이나 게이오 대학 등을 졸업하고 일반 기업에 취직했던 30대 여성이 간호학교에 재입학하여 경력을 다시 쌓기 시작하는 일이 많다는 이야기를 들었습니다.

'모처럼 경력을 쌓았는데 이제 와서 3년이나 간호학교에 다시 다닌다고? 그냥 돌아가는 길에 지나지 않나?'

그렇게 생각하는 사람이 있을지도 모릅니다.

하지만 만일 40세에 간호사가 되더라도 건강하기만 하면 70대까지 현역으로 계속 일을 할 수 있으며, 안정적인 수입도 얻을 수 있습니다.

돌아가는 길처럼 보이지만 실제로는 견실한 길이라고 할 수 있습니다.

이처럼 지금 불안감을 느끼고 있다면 장래를 위한 조치를 취해야 합니다.

상위권 대학 출신인 점이 걸림돌이 되어서 옴짝달싹 못하는 사람이 많은 가운데, 간호학교에 다니는 여성처럼 장래를 위한 조치를 취할 수 있다면 미래의 위험을 극복할 힘은 확실히 강해집니다.

현재가 싫다면 도망쳐도 좋다

즐거워 보이는 마일드 양키

수년 전에 마케팅 애널리스트인 하라다 요헤이가 '마일드 양키'라는 개념을 정의하여 화제가 되었습니다.

마일드 양키란 지방에 거주하는 일부 젊은이 유형을 하나의 카테고리로 묶은 개념으로 주로 '고향 사랑이 지극하다.', '가족이나 동료와의 관계를 중시한다.', '쇼핑몰에서 주말을 보낸다.' 등의 특징이 있습니다.

마일드 양키는 상승 지향이 없고, 학력과 연봉이 낮으며, 보수적이어서 새로운 가치관을 이해하지 못하는 등 부정적인 맥락에서 거론되기도 합니다.

저도 처음 들었을 때는 마일드 양키식의 삶의 방식은 어디가 좋은 것인지 도무지 이해할 수 없었지만, 곰곰이 생각하는 사이에 의외로 행복할지도 모르겠다고 생각하게 되었습니다.

별로 사회적인 지위를 갖추지 못하더라도 마음이 맞는 동료와 매주 즐겁게 캔맥주 따위를 마시다 보면 나름대로 행복한 시간을 보낼 수 있습니다. 노후에도 고향의 동료들과 서로 기대면서 이렇다 할 걱정 없이 살아갈 수 있을 듯합니다.

적어도 도시에서 심한 압박을 받으며 심신이 닳고, 장시간 노동도 마다하지 않으며 오랜 기간 회사에 공헌한 결과, 깔끔하게 정리해고당해서 배우자에게도 이혼당하고 혼자 외롭게 살아가는 삶에 비교하면 어떨까요? 저는 행복해 보이는 인생이라고 생각합니다.

지금 이 세계가 전부는 아니다

단 마일드 양키에도 문제는 있습니다. 친구간의 서열이라는 문제입니다.

스쿨 카스트라는 말이 있습니다. 학교 내에서 탄생한 학생간의 서열을 신분 제도인 카스트 제도에 비유한 것입니다.

인기가 있는 학생은 계층의 1군에 군림하고 이하 2군, 3군으로 내려가는 괴상한 상하관계가 성립한다고 합니다.

이는 학교라는 극히 좁은 세계 속의 이야기로, 사회에 한 걸음 내딛고 나면 전혀 다른 인간관계를 구축할 수 있습니다. 그런데 지방

지금 이 세계가 전부라고 생각하지 않아도 좋습니다.

의 인간관계에는 그런 변화를 허용하지 않는 면이 있습니다.

오카야마현 출신 호러 작가인 이와이 시마코로부터 다음과 같은 이야기를 들은 적이 있습니다. 지방에서는 도쿄 대학교를 졸업하건, 아무리 사회적으로 높은 지위를 얻어 출세하건, 고향 동창회 따위에 참석하면 당시 심부름꾼 위치에 있던 사람은 여전히 심부름꾼 취급을 당하고 만다는 것입니다.

중학생 정도의 시기에 생긴 상하관계를 수십 년 이후에도 계속 이어가는 것입니다. 도시에서 자란 저는 도무지 이해할 수 없는 심리 상태입니다.

마일드 양키의 내부에 엄연한 계층 구조가 구축되어 있다면 3군에 만족하는 사람은 매우 힘들 거라고 생각합니다.

제가 하고 싶은 말은 '지금 이 세계가 전부'라는 생각은 버려야 한다는 것입니다. 직함이나 지금의 자리에 집착하면 그 작은 컵에서 벗어날 수 없게 됩니다.

심신을 닳게 만드는 도시 삶의 방식도, 지방의 마일드 양키식 삶의 방식도 절대적인 것은 아닙니다. 환경이 싫다고 생각되면 반드시 도망쳐야 합니다. 세상에는 도망칠 곳이 얼마든지 있으니까요.

목적을 가진 사람만이 배울 수 있는 것

기개 있는 정치인은 가르쳐 준다

개각 뉴스를 볼 때마다 장관에 취임한 것 자체만으로 들뜨는 정치인이 많다는 것이 느껴집니다. 본인은 나름대로 신묘한 마음가짐을 다잡고 "책임감을 가지고 중임을 다하겠다."라는 소감을 늘어놓지만 태도의 곳곳에서 지위를 얻어냈다는 고양감이 묻어납니다. 말하자면 들떠 있는 것입니다.

"나는 이러한 정책을 실현하기 위해서 장관이 되었다."

이런 식의 실현하고 싶은 목표를 내걸고 장관이 된 사람이 적은 이유는 무엇일까요?

구 소련의 마지막 대통령이었던 미하일 고르바초프는 구 소련 공산당에서 호시탐탐 기회를 노리다가 최고 지위인 당서기장에 올라선 이후 체제를 차례로 쇄신하고 러시아어로 '구조조정, 재건'을 의미하는 페레스트로이카를 단행했습니다. 고르바초프의 정치 활동에서는 구 소련을 개혁하기 위해서 지위를 얻어냈다는 명확한 의도가 느껴집니다.

역사를 돌이켜 보면 과거에는 기개 있는 정치인이 있었습니다. 예를 들어 메이지 시대의 외교관이자 정치인인 고무라 주타로는 러일 전쟁 이후 러시아와 포츠머스 조약을 맺은 인물로 알려져 있습니다.

러일 전쟁 말기에는 재정적으로도 일본이 러시아와 전쟁을 이어가기 어려웠기 때문에, 강화회의에서는 러시아에 양보를 해서라도 전쟁을 종결할 필요가 있었습니다.

그런데 그러한 사정을 모르는 국민은 러시아를 상대로 대항하여 당연히 승리를 거머쥐고 거액의 배상금과 일부 영토를 얻어 낼 것이라고 믿어 의심치 않았습니다.

고무라는 러시아측 대표인 세르게이 비테를 상대로 연일 까다로운 교섭을 반복한 결과 마침내 강화조약을 체결하기에 이르렀습니다. 일본에 귀국한 고무라는 강화조약의 조건에 실망한 국민으로부터 큰 비난을 얻게 됩니다. 강화조약을 반대하는 민중이 폭도로 변하여, 도쿄 히비야에서는 방화 사건까지 발생했습니다.

그러나 현재는 고무라의 외교수완이 대체로 높은 평가를 얻습니다. 고무라는 신념에 따라서 임무에 임했던 것입니다.

예를 들어 제가 "상속세를 100퍼센트로 해야 한다."라고 말하면 맹렬한 기세로 비판을 받을 수 있습니다. 하지만 지금은 엉뚱한 생각으로 보일지 몰라도 100년, 200년이 지난 후에는 당연한 제도가 되어 있을 거라고 확신합니다. 적어도 200년쯤 지나고 나면 부의 편중화가 해소되어 현대인이 봉건시대 사람을 불쌍하게 생각하듯이 후세의 사람들로부터 '200년 전에는 부자의 자식이 자동적으로 부자가 되었다니, 정의가 존재하지 않는 불평등한 시대였구나.'라는 안쓰러운 눈빛을 받게 될 거라고 저는 믿습니다.

오늘날에도 일본인은 자식에게 재산을 남기려고 하지만 미국에서는 기부를 해서 사회에 환원하려는 풍조가 있습니다.

예를 들어 스탠퍼드 대학은 대륙횡단철도 중 하나인 센트럴 퍼시픽 철도를 창립한 리랜드 스탠퍼드의 사유 재산을 바탕으로 설립된 대학입니다. 이 대학에서 현재 다양한 스타트업 기업이 탄생하여 세계의 혁신을 견인한다는 점은 이미 널리 알려진 바 있습니다. 스탠퍼드라는 인물의 이름과 업적은 후세 사람들의 기억에도 계속 남아 있습니다.

현재 옳다고 받아들여지는 것은 절대적이지 않습니다.

과거나 현재뿐만 아니라 미래 지향적인 목표를 가지고 선택하거나 행동하는 것이 중요하다는 뜻입니다.

원래 만점이란 불가능하다.
'할 수 없다.'고 단언하면 자신감이 생긴다.

6

'완벽해야 해.'라고 생각하지 말고
'합격만 하면 돼.'라고 생각하세요.

만점을 받지 않아도
도쿄 대학교에 합격할 수 있다

290점만 따면 된다

앞에서도 말했지만 저는 어느 시점부터 100점 만점을 따기보다 합격에 필요한 점수만 따면 된다는 감각으로 살아왔습니다.

예를 들어 도쿄 대학교 이과 3류를 위하여 입시 공부를 할 때에도 그랬습니다.

440점 만점을 목표로 삼으면 1점도 놓치면 안 된다는 압박에 짓눌리기 쉽지만, 나다 고등학교에서 여러 정보를 들어 온 저는 '290점만 따면 된다.'라고 딱 부러지게 정해 두었습니다.

입시 과목 중에서는 국어가 약한 편이었지만 일부러 못하는 과목을 극복하려고 하지는 않았습니다. 만일 국어에서 점수를 따지 못하더라도 다른 잘하는 과목으로 메꾸면 합격점을 맞출 수 있으니까요.

혹시나 국어에서 10점밖에 따지 못하더라도 수학에서 100점을 기록하고 이과에서 100점을 낸 다음 영어에서 80점을 메꾸면 290점이 됩니다.

최고 성적으로 합격할 생각이라면 상당히 공부를 해야겠지만 저는 합격만 할 수 있다면 순위에는 연연하지 않았습니다.

딱 부러지게 결론을 내면 마음이 편해집니다.

고등학교 3학년에 진급해서 전국의 동급생이 입시 공부에 매달릴 때에도 저는 태연하게 지냈습니다. 물론 입시 공부에는 집중했지만, 고등학교 3학년 내내 보고 싶은 영화만큼은 타협하지 않고 찾아 봤습니다.

당시에는 DVD는 물론 VHS 비디오도 없었으므로 일주일에 1회 (공부가 순조롭게 잘 되면 2회) 정도는 하굣길에 영화관에 들러 영화 5편을 연이어 보면서 차근차근 영화 관람을 늘려 갔습니다.

강점 분야만 키운다

저는 대학에 합격하면 영화감독이 되기 위한 준비를 바로 시작하겠다고 호시탐탐 기회를 노렸습니다. 당시 품었던 계획은 입학 후에 영화연구회에 들어가서 영화를 찍기 위한 경험을 쌓는 것이었습니다. (결과적으로는 영화연구회에 들어가도 영화감독이 될 수 없다는 사실을 깨닫고 매스컴 관계자와 친분을 쌓기 위해서 아이돌 프로듀스 연구회를 세웠습니다.) 그래서 고등학생 시절에 영화를 많이 봐 둘 필요가 있다고 생각한 것입니다.

어쨌든 완벽주의가 아니라 합격점주의 사고방식을 갖추면 서투른 분야를 극복하기 위해서 고통을 받는 대신 우수한 분야를 키우면 된다는 인생관으로 전환할 수 있습니다.

합격점주의는 일상생활의 여러 부분에서 다양하게 응용할 수 있습니다.

예를 들어 많은 사람이 박식해지기 위해서 부지런히 독서를 합니다. 책 한 권에서 가능한 한 많은 정보를 얻으려고 하지요. 이는 전형적인 전체점주의 자세입니다.

저에게 책이란 생각하는 계기를 만드는 도구입니다. 모르는 부분을 채우고 필요한 지식을 늘리기 위해 이용하는 것입니다. 저널리스트인 오야 소이치는 '책은 읽는 것이 아니라 찾는 것'이라는 말을 남겼습니다.

저는 책도 필요한 부분만 읽습니다. 목차를 확인하며 궁금한 부분만 찾아 읽기도 하고 1장만 읽고 끝내는 일도 비일비재합니다. 그래도 필요한 정보는 얻을 수 있습니다.

합격점을 넘겼다면
사소한 것에 매달리지 마세요.

완벽한 일 따위는 없다고 딱 부러지게 말하자

저는 "합격점만 따면 된다."고 딱 부러지게 말할 수 있게 된 이후로 많은 책을 집필할 수 있게 되었습니다. 이렇게 말하면 스스로 부실한 면을 드러내는 것 같지만, 제가 부실하다고 자처하는 것은 아닙니다.

애당초 세상에 완벽한 내용의 책 따위는 존재하지 않습니다. 기준이 있다면 합격점을 넘겼는가 정도입니다. 합격점을 정하는 것은 독자이며, 합격점을 넘기지 못했다면 책이 팔리지 않게 되어서 저에게도 집필 의뢰가 오지 않게 되겠지요.

합격점을 넘겼다면 자잘한 부분까지 매달릴 필요는 없습니다. 그보다는 지금 말하고 싶은 것을 적극적으로 발언한다는 자세로 집필했기 때문에 계속해서 글을 쓸 수 있는 것입니다.

강점만 키운다는 발상을 한다

사람은 자신의 단점을 보기 힘들다

지금은 공인에게 완벽한 인간성을 요구하는 시대입니다. 예능인은 불륜 의혹이 보도되기만 해도 일자리를 잃거나 휴업을 강요받곤 합니다.

하지만 그렇게까지 해서 100점을 요구하는 이유는 무엇일까요?

'저 사람은 인격자라고는 말할 수 없지만 연기는 타의 추종을 불허한다.'

연기자라면 그걸로 충분하지 않을까요?

인간은 원래 상대방의 장점을 보고 단점은 보기 힘든 인지 특성을 지닙니다. 다른 사람의 장점을 보고 부럽다고 생각하고 자신의 단점을 보고 시무룩해집니다.

그래서 '옆 집 잔디가 푸르다.'는 속담이 생겨난 것입니다.

어쨌든 완벽주의자는 시야가 좁아지기 쉽습니다.

예를 들어 완벽한 청소를 목표로 삼을수록 작은 쓰레기나 먼지가 눈에 띄어서 언제까지나 청소를 끝내지 못하고 맙니다.

이에 반하여 합격점주의자는 '적당히 깨끗해졌으니 이걸로 충분해.'라고 딱 부러지게 결정할 수 있으므로 다른 새로운 과제에 몰두할 수 있습니다.

만점을 따려고 들기 때문에 침체된다

비즈니스 세계도 마찬가지입니다.

완벽주의자는 완벽한 서류를 만들려고 하다가 쓸데없이 시간을 소모합니다. 만점을 따려고 한 나머지 흠결이 계속 눈에 띄어서 수정하느라 쫓기기 때문입니다. 개중에는 제출 기한을 맞추지 못해서 오히려 평가가 낮아지는 사람도 있습니다.

스스로 만점이라는 생각이 들지 않으면 정신적으로 충격을 받고 침체되는 경우도 있습니다.

애당초 본인은 100점 만점을 충족할 만하다고 판단했다 하더라도 주변 사람으로부터 만점을 얻어낼 수 있을 거라고는 단정할 수 없습니다. 사회인이 된 후에 자신의 업무를 평가하는 것은 나 이외의 사람들입니다. 시험 점수처럼 객관적인 기준도 없으니 만점을

단점을 개선하기보다
강점을 키우는 것이 수월합니다.

얻고 싶어도 얻을 수가 없습니다.

직장에서는 일단 제출 기한에 맞춰서 업무를 하면 상사가 수정해 주거나 수정에 관한 조언을 해 줍니다. 주변의 반응을 바탕으로 다시 작성하는 편이 혼자서 만점을 얻으려고 노력하는 것보다 좋은 결과를 내기 쉽습니다.

합격점주의자가 되면 서툰 분야는 동료나 부하에게 의지하면 된다는 발상을 자연스럽게 떠올릴 수 있게 됩니다.

오만한 사람일수록
패배를 받아들이지 못한다

자신의 패배를 받아들이지 못하는 사람

완벽주의자는 본인의 패배를 솔직하게 받아들이지 못한다는 공통점이 있습니다.

예를 들어 프레젠테이션이 전체적으로 저조하게 끝났을 때를 생각해 봅시다. 사람이니까 때때로 상태가 좋지 않은 날도 있을 수 있는데, 다른 사람이 "평소보다 컨디션이 좋지 않아 보이네."라고 말하면 발끈합니다. 욱해서 "아니, 그렇지 않아. 멋대로 컨디션이 나쁘다고 넘겨 짓지 마."라고 반론하곤 합니다.

하지만 반론한다 하더라도 상대방은 "그렇구나. 몸이 좋지 않은 게 아니라면 됐어."라고 반응할 뿐입니다. 전혀 상황이 나아지지 않습니다.

순순히 패배를 인정하지 못하는 사람은 패배를 인정하는 것이 무서워서 오히려 언제나 패배를 의식합니다. 항상 본인을 몰아가므로 마음이 편할 때가 없고 압박을 받고 맙니다.

패배를 인정할 수 있는 사람의 힘

제가 오랜 기간 입시 지도를 해 오면서 단언할 수 있는 것이 있다면 패배를 인정할 수 있는 수험생이 마지막에 이긴다는 사실입니다.

그런 학생들은 최종적으로 원하는 대학교에 합격하고, 혹시 원하는 대학교에 합격하지 못한 경우에도 목표를 잃지 않고 도전하는 힘을 갖고 있습니다.

원래 완벽주의자인 수험생은 적당히 한다는 것을 모릅니다. 시험지의 1번 문제부터 전력으로 도전하고, 어려운 문제에 부딪쳐도 포기하지 못합니다. 쓸데없이 시간을 소비해서 결과적으로 실력에 상응하는 점수를 따지 못하는 사람이 많습니다.

한편 패배를 인정할 수 있는 수험생은 다릅니다. 이들은 서툰 문제나 어려운 문제는 빠르게 포기하고 뒤로 돌립니다.

패배를 바로 인정할 수 있으므로 쓸데없이 시간을 낭비하지 않습니다. 결과적으로 풀 수 있는 문제는 확실하게 풀어서 점수를 쌓아 합격을 얻어 냅니다.

패배를 인정하지 못하는 사람은 '나는 뭐든지 할 수 있다.'라고 굳게 믿습니다.

거만이나 교만이라고 불리더라도 어쩔 수 없습니다. 그래서 본인의 완벽주의를 자각하지 못합니다. 스스로 "전부 할 수 있을 리가 없어."라고 말하지만 사실 포기하기를 두려워합니다.

패배를 인정할 수 있는 사람은 교만하지 않습니다. 자신의 한계를 알기 때문에 비굴해지지도 않습니다. 그 대신 자신 있는 분야로 이기면 된다고 생각합니다.

그들은 인생을 긍정적으로 살아가는 것입니다.

정말로 패배하면 안 되는 것일까?

사람은 누구나 업무나 인간관계에서 힘들게 여겨지는 경험을 하곤 합니다. 이때 완벽주의자는 '패배해서는 안 돼.', '도망치면 끝이야.'라고 생각하며 본인을 코너로 몰아갑니다.

하지만 패배하면 정말로 끝인 걸까요?

패배해서는 안 된다는 것은 대체 누가 정한 걸까요?

누구든지 모든 부분에서 성공할 수는 없습니다. 그런데도 '나만큼은 잘 된다.', '나는 패배해서는 안된다.'라고 계속해서 생각하는 것은 오만에 지나지 않습니다.

실제로 프로야구도 60퍼센트만 이기면 우승할 수 있듯이, 성공한 사람이라 하더라도 모든 면에서 승리만 거두는 사람은 거의 없을 것입니다.

'내가 서투른 부분이니까 져도 괜찮아.', '패배해도 문제없어.'라고 시원하게 인정하는 편이 기분이 좋습니다. 그 대신 이길 수 있는 부분에서 이기면 된다고 생각하여 우승을 거듭할 수 있습니다.

다시 말하지만 패배를 인정할 수 있는 사람이 강한 것입니다.

패배를 인정할 수 있는 사람은 일이 잘 풀립니다.

할 수 없는 것은
할 수 없다고 딱 자른다

'할 수 없다.'는 여유가 자신감으로 이어진다

아무리 어려움에 봉착하더라도 '하면 된다.'고 생각하는 사람은 언제나 곤란한 상황에 맞닥뜨리게 되므로 머릿속을 곤란이 점거합니다.

하지만 합격점주의가 되면 곤란을 회피하고 우회를 선택할 수 있습니다. 그들은 인생은 일직선이 아니라 자유자재로 곡선을 그릴 수 있다고 생각합니다.

'할 수 없는 것은 할 수 없다.'

'할 수 있는 것에 집중하면 된다.'

일종의 뻔뻔함의 경지에 도달했으므로 모든 것에 여유를 가지고 임할 수 있습니다.

인생을 먼 곳에서 바라보면 지금 직면한 어려움은 단순한 통과의례에 지나지 않는다는 것을 깨닫게 됩니다. 실패를 하더라도 그때 만회할 수 있었으니 지금 살아갈 수 있다거나, 주변에도 비슷한 사람이 있었다는 것이 보입니다. 그 시점에서 훌쩍 우회하여 어떤 길을 고르더라도 최종 목표를 향하여 나아갈 수는 있습니다. 새롭게 자유로운 루트를 통하여 합격점을 목표로 삼고 움직일 수 있는 것입니다.

어려움을 회피했다고 해서 문제되는 일은 거의 없습니다.

그 증거로 여러분의 주변에도 할 수 없는 것은 빨리 포기하고 다른 사람에게 도움을 요청하거나 대신 해 달라고 말하는 사람이 있겠지요.

그런 사람 중에는 불성실한 인물도 있지만, 어째서인지 회사에서 해고당하는 일 없이 당연하다는 듯 메일을 보내옵니다. 완벽주의자의 입장에서는 화가 치밀어 오르는 삶의 방식일지도 모르지만 그런 식으로 태평하게 일하는 사람은 당당합니다.

할 수 없는 일은 간단하게 인정하는 사람은 어려움을 겪지 않으니, '하면 된다.'라며 노력하는 사람이 한 번 정도 대충 일처리를 한다고 해서 주변 사람들이 비난하리라고는 생각하기 힘듭니다. '신기한 일도 있구나.' 하고 말하는 정도입니다. 한 번이라도 '할 수 없는 일은 할 수 없어.'라고 인정할 수 있다면 마음에 여유가 생깁니다. 그 여유가 자신감으로 이어집니다.

불운은 삶의 전환점이 된다

큰 불운에 봉착했을 때에도 무리를 할 필요는 없습니다.

예를 들어 병에 걸려서 무리하게 움직일 수 없게 되었을 때를 생각해 봅시다.

'기껏 열심히 하려고 마음먹었더니….' 하면서 본인의 불운을 한탄하거나 한동안 계속 고민하게 될지도 모릅니다.

하지만 시간이 지나면 결국 해야 하는 일에 익숙해지기 마련입니다. 업무량을 줄이고 가능한 범위 안에서 노력하거나 부담이 적은 다른 일로 전직하는 등 새로운 출발을 하게 됩니다. 대형 프로젝트를 할 수 없다, 수입이 줄어든다 등 마이너스 요인이 생기더라도 새로운 생활에서 성과를 얻어 나가면 됩니다.

불운은 삶의 전환점이 됩니다.

이는 충격을 극복하고 새로운 인생을 발견하는 중요한 기회라고 할 수 있습니다.

취업 활동에 실패한 학생이라 하더라도 당시는 삶에 절망감을 느낄지 모르지만 취업에 실패한 일을 전환점으로 삼으면 얼마든지 나아갈 길을 찾아갈 수 있습니다.

삶이란 불완전하다는 것을 잊지 마세요.

할 수 없다고 인정하는 순간
마음에 여유가 생깁니다.

내가 없으면 다들 곤란해질까?

'기대하고 있어.'는 억측일 뿐이다

'내가 조금이라도 느슨해지면 주변 사람에게 폐를 끼치게 된다.'

완벽주의자는 이렇게 굳게 믿습니다.

다들 자신에게 기대하는 바가 있다고 생각하는 것입니다. 좋게 말하자면 책임감이 강하고, 나쁘게 말하자면 착각입니다.

원래 다른 사람에게 받는 기대는 명확하게 눈에 보이거나 수치로 계산할 수 없습니다. 그런 탓에 상상 속에서 점점 부풀어 오르는 경향이 있습니다.

'이 정도 수준으로는 아무도 납득하지 못해.'

'더욱 노력하면 분명 상사가 인정해 줄 거야.'

이렇게 상상은 점점 더 커져만 가서, 사소한 부분까지 신경 쓰이게 됩니다.

'다들 나에게 기대한다.'는 생각은 단순한 억측입니다. 억측이니 아마도 착각하는 것일 터입니다. 사실 그다지 기대받는 일은 없는데도 혼자 오해하는 경우가 정말로 많습니다.

저는 '제가 설렁설렁 일하면 모두에게 폐를 끼치고 말아요.', '쉬고 싶지만 휴가를 받으면 부서의 업무가 돌아가지 않을 거예요.'라고 말하는 사람에게 언제나 다음처럼 조언합니다.

"당신이 하루나 이틀, 어쩌면 그보다 더 쉰다고 하더라도 회사는 문제없이 돌아갑니다. 회사라는 곳은 원래 그런 거니까요."

실제로 그렇습니다.

회사는 한 사람에 의해 움직이는 것이 아니므로 누군가가 빠지더라도 다른 사람이 보충해서 어떻게든 굴러갑니다. 원래 회사라는 조직은 그러한 사태를 이미 염두에 두고 운영되므로 당연한 일입니다. 그렇게 되지 않는다면 간단하게 무너지고 맙니다.

완벽주의자는 이러한 사실을 깨닫지 못합니다. 그렇다기보다는 인정하려고 하지 않습니다. 상사가 "가끔은 좀 쉬면 어때."라고 말해도 완고하게 고개를 가로로 흔듭니다.

가끔은 설렁설렁해도 된다

그러나 완벽주의자인 사람도 현실에 직면하면 본인의 억측이었다는 사실을 깨닫게 됩니다.

 예를 들어 감기로 고열이 나거나 몸 상태가 나빠져서 회사를 쉬게 될 때가 있지요. 수일간 회사를 쉬었다가 다시 출근해 보면 의외로 회사는 변함없이 잘 돌아갑니다. 마치 내가 쉬었던 적이 없었던 것처럼 말이죠.

 상사도 딱히 저를 비난하는 일도 없고, 그저 그날의 업무를 전달할 뿐입니다. 이러한 경험을 하고 나면 '가끔은 손을 놓아도 좋구나.' 하고 느끼는 계기가 됩니다. 지금보다 덜 완벽하게 일한다 하더라도 주의의 신뢰를 잃는 일 따위는 없고, 직장의 업무는 잘 돌아갑니다.

 '나에게 그렇게까지 기대하지는 않는다.'

 '내가 없어도 어떻게든 된다.'

 이는 충격적인 현실일지도 모르지만, 마음이 편해지는 계기가 되기도 합니다.

 '그렇게 무리하지 않아도 괜찮구나.' 하고 생각하면 어깨에서 힘이 빠집니다.

 걱정할 필요는 없습니다. '내가 없어도 어떻게든 된다.'라고는 하지만 '저 사람이 있어 주면 좋겠다.'라는 말을 듣는 기회도 분명 있을 것입니다. 그러니 합격점주의 내에서 할 수 있는 일에 집중하면 됩니다.

내가 없어도 어떻게든 된다는 것을 인정하세요.

이제는 불완전을 즐기는 시대다

AI시대에 일어나는 일

향후 본격적으로 AI시대가 도래할 것입니다. 이미 잡지 등에서 'AI로 인하여 사라질 직업' 등의 기사가 등장하듯이 자동운전 자동차가 실용화되고 화상 진단에도 AI가 도입되는 등 온갖 분야에서 AI가 인간의 일을 대체하는 시대가 찾아오겠지요.

그렇게 되면 우리들은 근본적으로 가치관을 재검토할 필요가 있습니다. 완벽주의자 등은 확실히 고루한 가치관으로 간주될 것입니다.

왜냐하면 제 아무리 애쓴다 하더라도 완전성에서는 인간이 AI를 이길 수 없기 때문입니다.

"내가 애쓰는 것보다 AI에게 맡기는 쪽이 편해."

이런 마음으로 살아가지 않으면 정신력이 소모될 뿐입니다.

실제로 일상생활에 AI가 침투할수록 더욱 인간다움을 추구하는 시대가 될 거라고 생각합니다. 맛있는 것을 먹으면서 즐기거나 여행을 떠나서 느긋하게 쉬는 등 인간다운 행위에 가치를 두게 될 것입니다.

분명 일부러 실수를 즐기거나 돌아가는 길을 즐기는 시대도 틀림없이 찾아올 것입니다.

조금 불완전한 부분이 있기 때문에 인간이 만든 물건이 매력적이라든가, 세계에서 하나뿐인 '맛'이 있다는 이유로 상품이 팔리는 시대가 찾아올지도 모릅니다.

언제까지나 완벽을 목표로 하는 사람은 점점 갑갑함을 느껴서 시대에 적응할 수 없게 됩니다. 그러니 한시라도 빨리 편안한 삶을 획득해야 합니다.

심신을 동시에 쉬게 할 수 있는 사람

여러분은 휴일을 어떻게 보냅니까?

'일하는 날을 위해서 심신의 휴양을 취하는 날'.

'개인적인 시간을 내서 새로운 경험을 하며 공부를 하는 시간'.

혹시 이렇게 생각하지는 않습니까? 완벽주의자는 휴일도 성실하게 받아들입니다. 본인은 일에서 떨어져 있다고 생각할지 모르지만 사실 뭔가의 의미를 부여하기 때문에 제대로 모든 걱정을 접어 두고 쉬는 것은 아닌 상태입니다.

저는 때때로 여행 중에 마사지를 받곤 하는데, 그저 아무것도 생각하지 않고 긴장을 푸는 시간을 갖기 위해서입니다. 마사지를 했다고 해서 어떤 업무로 연결시키려 하거나 몸 상태를 원래대로 되돌리려는 목적 따위는 갖고 있지 않습니다.

뭔가를 목적으로 삼는 순간 긴장을 풀 수 없게 되기 때문입니다.

휴일도 이와 마찬가지입니다. 휴일은 말 그대로 쉬는 날입니다.

이것저것 의미를 부여하지 말고 좋아하는 일에 몰두하는 등 자연스럽게 보내면 충분합니다.

머리를 텅 비게 하고 쉬면 처음으로 휴일다운 시간을 보낼 수 있게 됩니다. 이 점을 다시금 통감해 보길 바랍니다. 조금 더 목적 없는 무위의 시간을 즐겨 보는 것은 어떨까요?

'그저 친구들과 즐겁게 술을 마신다.'

'느긋하게 온천에 몸을 담그고 뒹굴뒹굴 자면서 시간을 보낸다.'

'좋아하는 영화를 하루 종일 본다.'

그런 행동이 뭔가로 이어지지 않더라도 괜찮습니다. 무의미한 시간을 즐기는 것이야말로 인간의 특권입니다.

무의미한 시간을 더욱 즐겨 보세요.

시대가 바뀌면 당연히 상식도 달라지니
끊임없이 학습하는 것이 중요하다.

7

'그런 거야?'라고 생각하지 말고
'정답은 언제나 바뀌는 거야.'라고 생각하세요.

가치관은 시대와 함께 바뀐다

자동차 운전이 취미가 되는 시대

예전과 비교해 보면 현재는 음주운전을 엄벌에 처하고 매우 엄격한 눈으로 바라보게 되었습니다. 하지만 가까운 미래에 사람이 직접 운전을 하지 않아도 목적지까지 옮겨 주는 자동운전이 실용화되면 오히려 음주를 한 사람에게 술집에서 차로 귀가하는 것을 안전한 귀가방법으로 권장할 가능성이 있습니다.

고령자에 의한 자동차 사고가 큰 뉴스거리로 부각되면서 '고령자에게서 면허를 빼앗아야 한다.'라는 분위기가 고조되고 있는데, 이 또한 자동운전이 도입되면 순식간에 해소될 것입니다.

GPS(위성 항법 시스템)를 활용한 위험 예지 시스템이 고도화되면 교통사고는 극적으로 감소되게 되겠지요. 그렇게 되면 경찰관

숫자도 줄일 수 있을 것이고, 교통사고를 단속하던 인원을 스토커 피해 대책 등에 배치할 수 있게 되겠지요.

또한 자동운전은 자동차 운전에 대한 가치관을 바꾸어 줄 것입니다. 수동 운전은 특수한 기술이 되어서 일부 경기장 등에서나 즐기는 취미가 될 것이라고 예상합니다. 지금 경마를 즐기는 사람이 일부에 한정된 것과 같은 이치입니다.

일하고 싶은 사람만 일한다

운전만이 아니라 틀림없이 노동에 관해서도 같은 경향이 나타날 것입니다. 향후 AI와 로봇의 실용화가 가속되면 약 80퍼센트의 사람이 실직하는 시대가 될 것이라고 합니다.

그렇게 된다면 정치적인 선택지는 두 가지가 있습니다.

한 가지는 실업한 80퍼센트를 배제하고 남은 20퍼센트의 사람만이 살아남는 사회를 만드는 것입니다. 다른 한 가지는 기본소득과 같은 제도를 도입해서 20퍼센트의 사람이 80퍼센트의 사람을 부양하며 사회를 유지해 나가는 것입니다.

만일 후자를 선택한다면 일하고 싶은 사람만 일하는 사회, 일하는 것이 취미가 되는 사회가 도래할지도 모릅니다.

지금 세상에서는 '일하지 않은 자, 먹지도 말라.'(이는 레닌이 부유한 자의 불로소득을 비판하며 한 말입니다.)라는 생각을 가진 사람이 대다수이지만, 언젠가 '일하고 싶은 자만 일한다.'는 표현이 사용되는 시대가 되어도 이상하지 않을 것입니다.

시대는 크게 바뀌는데 도무지 변화를 제대로 예측하지 못하는 사람들뿐이라니 대체 어떻게 된 것일까요?

생산과 소비가 역전되면 어떻게 될까?

저는 생활보호를 비난하는 작금의 풍조에 위기감을 느낍니다. 시대의 변화에 역행하는 태도로 보이기 때문입니다.

앞서 말한 세븐&아이 홀딩스 명예고문인 스즈키 도시후미는 생산과 소비의 역전이라는 면에서 시대의 변화를 지적합니다.

유사 이래 인류는 소비에 생산을 맞추기 위한 노력을 계속해서 이어 왔습니다.

생산성을 향상시키기 위해서 인구를 계속 늘려 온 것입니다. 그리고 1990년대 중반에 인류의 생산이 마침내 소비를 따라잡았습니다. 생산 과잉이 되면 어느 나라건 수출을 해서 외화를 벌려고 합니다. 그런데 모든 나라가 생산이 과잉 상태이니 물건을 만들면 팔린다는 시대는 이미 종결을 맞이하게 되었습니다.

이때는 소비자의 요구를 재빨리 파악하는 능력이 필요합니다. 생산성의 향상을 추구하기보다 소비자의 취향에 맞춘 제품을 생산하는 것이 중요해졌기 때문입니다.

한 가지 가치관에 집착하지 마세요.

스즈키 도시후미가 세븐일레븐에서 실행한 시스템은 그야말로 소비자의 요구를 파악하기 위한 실험이었다고 할 수 있습니다.

그러면 생산이 소비를 추월했다는 현상을 거시적인 관점에서 살펴봅시다. 생산이 과잉 상태라면 소비를 늘리면 된다는 발상을 할 수 있습니다.

예를 들어 노동을 하지 않고 소비를 담당하는 생활보호수급자나 고령자의 존재를 존중해야 마땅할지도 모릅니다.

지금 이런 주장을 펼치면 당연히 비판당할 거라고 생각합니다. 99퍼센트의 사람은 상상조차 할 수 없는 발상이겠지요.

하지만 대다수의 사람은 생산이 부족했던 시대의 가치관에서 완전히 빠져나오지 못했다고 생각합니다. 생산이 소비를 추월했다면 경제 정책을 크게 전환해야 할 필요가 있습니다.

그렇게 해답은 시대와 함께 바뀝니다.

아니, 바뀌지 않으면 안 됩니다.

일상적인 건강 상식도
항상 바뀐다

마가린은 한때 건강식품이었다

세상에는 어떤 시점까지는 옳다고 받아들여진 일이 시대가 변하면서 전복되는 경우가 많습니다. 예를 들어 마가린이 동물성 유지방인 버터보다 건강하다고 평가되던 시기가 있었습니다.

그런데 지금에 와서는 어떻습니까?

마가린에 포함된 트랜스 지방산의 해악이 알려지면서 완전히 건강에 유해한 식품이 되어 기피하게 되고 말았습니다.

트랜스 지방산을 많이 섭취하면 심장 질환의 위험이 높아진다는 사실이 데이터로 표시되어 알려진 것입니다. 2015년에는 미국식품의약국(FDA)이 트랜스 지방산의 원인이 되는 지방질의 사용을 3년 후까지 전폐한다고 발표했습니다.

이처럼 건강 상식 또한 어이없게 바뀔 수 있습니다.

연구를 진행한 결과 지금까지의 건강 상식을 뒤집게 된 것이라면 아직 이해할 여지가 있습니다.

하지만 일본에서는 의과대학 교수의 권력이 강한 탓에 어떤 교수가 일선에서 물러나기 전까지는 일정한 사실이 틀렸다는 점을 과학적으로 증명해 냈다 하더라도 계속해서 옳다고 취급해 주는, 실로 오싹한 사태가 벌어집니다.

의학의 진보가 상식을 바꾸다

이미 콜레스테롤이 낮은 쪽보다 높은 편이 장수할 수 있다는 데이터가 나와 있는데도 불구하고 아직까지 일본내과학회에서는 '콜레스테롤은 낮추는 것이 좋다.'는 견해를 무너뜨리지 않습니다.

하지만 일본내과학회에서 현재 권력을 가진 교수들이 은퇴하면 아마 '콜레스테롤은 높은 쪽이 좋다.'라는 잡지 기사를 의사들이 인정하면서 "콜레스테롤은 높은 편이 좋아요."라고 환자들에게 설명하게 되겠지요. 저에게는 그런 미래가 손에 잡힐 듯이 뚜렷하게 내다보입니다.

또한 향후 iPS 세포가 실용화되면 의학 상식이 극적으로 바뀔 것입니다.

iPS를 재생 의료에 사용해서 병에 걸린 세포를 회복시킬 수 있게 건강 관련한 지식도 시대와 함께 변해 갑니다.

된다면 어떤 일이 벌어질까요? 예를 들어 동맥경화를 일으킨 혈관을 재생하면 동맥경화가 낫는다는 논리가 성립됩니다.

재생 치료가 일반화되면 발병한 세포를 일부러 절제하지 않아도 된다는 건강 상식이 통용될지도 모릅니다.

지금은 '어떻게 하면 동맥경화를 일으키지 않을 수 있을까?'가 건강 상식이지만, 이러한 상식이 미래에도 영원히 지속될 것이라고는 장담할 수 없습니다.

정답은 언제나 바뀐다는 점을 명심할 필요가 있습니다.

항상 새로운 것을
공부하는 사람이 강하다

사고방식이 바뀌는 것은 당연한 일이다

정답은 언제나 변해 가는 가운데 중요한 것은 과거의 주장이나 사상을 고집하지 않고 본인의 사고방식을 유연하게 바꾸어 나가는 자세입니다.

예를 들어 저는 예전에 『입시는 요령』이라는 제목의 책을 출판하여 어떻게 하면 공부를 적당히 해서 효율적으로 합격할 수 있는지를 가르쳐 왔습니다.

"저런 사람이 유토리 교육을 비판하다니 모순이야. 와다는 지조가 없고 변절하는 사람이다."

이런 말로 비난을 받는 일도 있습니다.

하지만 제가 입시 공부법 책을 제일 처음 집필한 것은 벌써 1980

년대 후반의 일입니다.

당시는 아직 입시 경쟁이 심하고 아이들의 학력이 높은 시대였습니다. 지금처럼 거의 무조건 입학할 수 있는 대학이 늘어난 시대와는 배경이 전혀 다릅니다.

1980년대 당시 일본의 중학생 학력은 세계 최고 수준이었지만 지금은 많이 떨어졌습니다. 이렇게 상황이 변하는데도 똑같은 주장을 반복하는 사람이 더 이상하다고 봅니다.

40년 전의 도쿄대 출신이 우수한 취급을 받는 불가사의

제가 도쿄 대학교에 입학한 것은 40년 전의 일입니다. 그런데도 아직까지 "와다 선생님은 도쿄 대학교 의학부 출신이라니 우수하시네요."라는 말을 듣곤 합니다. 그것도 한두 사람이 아닙니다.

확실히 40년 전의 저는 또래 동급생 사이에서 학업이 우수한 편이었습니다. 하지만 40년이나 지난 이야기입니다. 지금 "와다 선생님은 머리가 좋으시네요."라는 칭찬을 받으면 기쁘겠지만, 40년 전의 학력을 칭찬받아 봤자 당황스러울 뿐입니다.

그런데 세상에는 언제까지나 과거의 학력을 과시하는 사람이 있습니다.

나이도 어지간히 먹은 어른이 학력을 과시하는 것은 '나는 옛날에 인기가 좋았다.'며 자랑하는 것이나 마찬가지로 꽤나 부끄러운 처사입니다.

과거의 학력을 과시하는 것은 '지금의 나는 머리가 나쁘다. 공부하지 않는다.'라고 말하는 것과 같습니다.

언제나 새로운 이론을 공부하자

제가 일본에서 정신분석을 배우기 시작했을 무렵에는 프로이트 등의 고전 텍스트를 읽어야 했던 기억이 있습니다. 그런데 미국에 유학을 가니 당시의 일류 정신분석가들은 고전보다 최신 이론을 열심히 배우고 있었습니다.

그들에게는 최신 이론을 이용하여 치료하는 것이 중요하며, 고전 텍스트를 읽는 것은 단순한 교양으로서의 가치밖에 없었던 것입니다.

불행히도 현재의 일본정신분석학회는 영어 논문을 쓰는 일도 없고 유학 경험도 없는 사람들이 중심을 차지합니다. 이래서야 최신 이론을 따라갈 수가 없습니다.

의학부 교수도, 의사도 한 번 그 자리에 앉으면 더 이상 자격을 잃을 걱정이 없습니다. 그렇기 때문인지 옛날에 열심히 공부하던 무렵의 학설을 평생 애지중지하며 똑같은 말을 앵무새처럼 반복합니다.

하지만 시대가 바뀜에 따라 정답은 달라집니다. 정답은 바뀌는 것이니 학자는 항상 공부하는 자세를 갖춰야 하는 것 아닐까요?

많은 사람이 과거에 얽매이지 않고 새로운 해답을 찾으며 공부를 계속하는 자세를 갖추면 좋겠습니다.

새로운 해답을 찾기 위해
항상 공부하세요.

새로운 아이디어를
낼 수 있는 사람

원하는 물건을 떠올리는 발상 능력

기술이 진보한 현대 사회에서는 어느새 '이런 물건을 만들어 주면 좋겠다.'라는 이미지가 명확하다면 수많은 기술자가 현실화할 수 있게 되었다는 이야기를 들은 적이 있습니다.

이런 상황에서는 기술 자체를 차별화 요소로 삼을 수 없습니다. 우수한 기술자가 있는 회사가 이기는 시대는 끝나고 '이런 물건을 만들면 좋겠어.'라고 기술자에게 주문할 수 있는 아이디어가 뛰어난 사람이 있는 회사가 이기는 시대가 찾아왔습니다.

대표적인 예가 애플사입니다. 스티브 잡스는 엔지니어가 아니라 미래에 필요하게 될 제품의 이미지를 떠올리고 그려 낼 수 있는 재능이 뛰어난 사람이었습니다.

종종 "백색 가전의 시대는 끝났다."는 말이 들립니다.

확실히 텔레비전의 화질을 지금 이상으로 높여 봤자 뭔가가 크게 달라졌다고는 할 수 없습니다. 그런 의미에서 기존의 백색 가전에는 한계점이 왔다고 할 수 있겠지요.

하지만 지금까지 없었던 백색 가전을 만든다면 팔릴 가능성이 있습니다.

예를 들어 제가 제품 개발부에 근무한다면 집안에서 잃어버린 물건을 찾아내는 기계를 기획할 것입니다. 현재의 기술을 활용하면 상품을 구입했을 때에 개별적인 형상을 기억시킨 다음 방 안에 있는 물건과 비교하여 위치를 알려 주는 방식의 시스템을 만드는 것은 그리 어렵지 않을 거라고 생각합니다.

참고로 제가 지금 당장 만들어 줬으면 좋겠다고 생각하는 기계는 캔커피에 판지를 감아서 내주는 구조의 자동판매기입니다. 커피숍에서 종이컵에 끼워 주는 것 같은 판지말입니다. 캔커피에 판지를 감으면 커피를 훨씬 뜨겁게 내줄 수 있을 것입니다. 게다가 지금처럼 뜨거운 캔을 집을 때 손에 화상을 입을까 걱정할 필요도 없습니다. 여하튼 일상 속에서 '이런 물건이 있으면 좋겠다.'라고 생각할 수 있는 발상 능력이 중요합니다.

주부야말로 비즈니스 리더가 되어야 한다

21세기는 여성이 리더가 되는 시대라고 생각합니다.

'만들면 팔린다.'는 시대에는 오로지 장시간 일할 수 있는 인재를 귀하게 여겼습니다. 비교적 체력이 좋고 생산성이 높은 남성이 리더로 추앙된 것도 납득할 만한 일입니다. 그런 시대에는 리더가 되는 여성은 남성처럼 터프한 타입이라는 통념이 있었습니다.

그런데 물건이 팔리지 않게 되면 상황이 달라집니다.

생산 과잉의 시대에는 생산성이 높은 인재보다 소비자의 마음을 사로잡는 인재의 가치가 높아집니다. 즉 소비의 중심을 담당해 왔던, 굳이 따지자면 여성스러운 여성이 리더로서 존중받게 되는 것입니다.

지금부터는 하버드 비즈니스 스쿨에서 공부한 경력이 있는 여성보다 한 번 결혼 후 퇴직을 하여 육아를 경험한 주부 같은 인재가 리더로서 힘을 발휘할 것입니다.

'이런 물건이 있다면 살 텐데….'라고 제안할 수 있는 재택근무형 주부가 사장이 되어도 결코 이상한 일이 아닙니다.

업무라는 의미를 주 5일 통근하며 늦게까지 잔업을 하고 밤에는 회식을 한다는 것으로 줄기차게 고수하는 사람도 있을 것입니다. 하지만 주부가 리더가 된다면 가정에 머무르면서도 업무를 할 수 있게 되겠지요.

또한 1년에 딱 한 번이라도 히트 상품이 될 아이디어를 내어 회사에 수십억의 이익을 가져올 수 있다면 1년에 한 번 아이디어를 낼 뿐인 사람이 사원으로서 활약할 가능성도 있습니다.

   시대가 바뀌면 가치도 달라진다는 것을 잊어서는 안 됩니다.

- 누구라도 틀릴 수 있으니
일단 의심해 보는 것이 필요하다.

8

'그런가 보네.'라고 생각하지 말고
'제대로 알아봐야지.'라고 생각하세요.

인간은 다른 사람과 동조하는 습성이 있다

분위기를 읽으라는 압력

동조압력이라는 말이 있습니다. 집단에서 소수 의견을 가진 사람에게 다수파와 같은 의견을 가지라고 암묵적으로 강요하는 것을 뜻하는 단어입니다. 흔하게 쓰이는 표현으로 대신하자면 '분위기를 읽어라.'라는 식의 무언의 압력입니다.

특히 일본 사회에서는 동조압력이 강합니다.

예를 들어 모두가 한 사람의 정치인이나 연예인을 비난할 때는 대놓고 옹호하는 발언을 하기 어려운 분위기가 되지요. 일본 축구 대표팀이 경기를 할 때 "일본이 지면 좋을 텐데…."라는 말을 꺼내기는 어렵습니다.

일본 사회는 독자적인 의견을 주장하기 어렵습니다.

제가 이 책에서 지금까지 이야기해 온 내용에 대해서도 '그렇게 일본이 싫으면 일본에서 떠나면 좋을 텐데….' 하고 생각하는 사람이 많을 것입니다.

압력이 없어도 동조해 버리는 이유

무언의 압박을 받으면 모두가 "예."라고 말할 때 혼자서 "아니오."라고 말하기 어려워집니다. 이것이 동조압력입니다. 사람에게는 딱히 압력을 받지도 않았는데 다른 사람에게 동조해 버리고 마는 습성이 있습니다.

이를 솔로몬 애쉬라는 폴란드 출신 심리학자가 실험을 통하여 증명했습니다. 바로 1955년 발표된 동조에 관한 실험입니다.

이 실험은 다음과 같은 순서로 진행되었습니다. 먼저 실험실에 피험자 8명이 모입니다. 이 8명 가운데 7명은 바람잡이고 순수한 피험자는 1명뿐입니다.

8명에게 두 가지 종류의 도판을 제시합니다. 하나의 도판에는 선 1개가 그려져 있고, 또 하나의 도판에는 길이가 다른 선 3개가 그려져 있습니다.

이 세 가지 선 중에서 1번째 도판에 그려진 선과 길이가 같은 것은 어느 것이냐는 질문을 피험자에게 제시합니다. 참고로 선의 길이는 확연히 다르기 때문에 누구나 쉽게 정답을 댈 수 있습니다.

실험 결과 바람잡이 전원이 정답을 말하면 피험자도 자신 있게 정답을 고를 수 있지만 바람잡이가 오답을 고르면 피험자도 오답을 고르는 경향이 있었습니다. 약 3분의 1의 확률로 피험자가 바람잡이에 동조하여 오답을 골라 버린다는 사실을 알게 되었습니다.

모두가 틀린 답을 '그렇다 그렇다.' 하면서 입에 올리면 진짜 정답을 고를 자유가 있는데도 자기도 모르게 오답을 골라 버리는 것입니다. 이것이 인간의 습성입니다.

인간은 오답도 믿어 버리는 경향이 있습니다.

사람은 믿고, 정보는 의심하라

양대 베스트셀러가 가르쳐 준 교훈

공교롭게도 같은 도쿄 대학교 의학부를 졸업한 2명의 저자가 저술한 전쟁 이후의 대형 베스트셀러가 2권 있습니다. 한 권은 『어리광의 구조』(도이 다케오)이고, 다른 한 권은 『바보의 벽』(요로 다케시)입니다.

흥미로운 부분은 이 두 권은 서로 완전히 반대되는 주장을 하는 것처럼 보인다는 점입니다.

『어리광의 구조』는 사람이 다른 사람에게 어리광을 부리지 못하는 것은 좋지 않은 일이라는 메시지를 전합니다.

사람은 어리광을 부리지 못한 탓에 토라지거나 퉁명스럽게 행동하게 된다. 일본 사회는 서로 어리광을 부리는 과정이 윤활유가 되어서 발전해 왔다. 이러한 분석 내용을 담은 대표적인 일본인론이기도 합니다.

『어리광의 구조』에서는 사람의 호의를 솔직하게 믿고 어리광을 부리는 행위의 의의를 논합니다. 그런 의미에서 성선설적인 책이라고 할 수 있습니다.

한편 『바보의 벽』은 완전히 반대되는 접근법을 이용하여 인간관계를 해석합니다. 『바보의 벽』은 '말하면 통한다.', '인간은 서로 통한다.'라는 말은 새빨간 거짓말이라고 지적합니다.

사람은 각기 다른 인지적 선입관을 지니기 때문에 본인의 말이 액면 그대로 상대방에게 전해질 거라고 생각하는 것은 너무나 어수룩한 발상이라는 것이 요로 다케시의 주장입니다.

인간끼리는 서로 이해할 수 없다. 서로 상대방을 바보라고 생각한다. 이런 말을 들으면 『바보의 벽』은 성악설적인 책이라고 여겨집니다.

인간은 선의로도 잘못된 말을 입에 올린다

하지만 차근차근 읽어 보면 그렇지 않다는 것을 알 수 있습니다.

도이 다케오는 '사람을 믿어라.'라고 말합니다. 그렇다고 요로 다케시가 '사람을 믿지 말라.'고 주장하는 것은 아닙니다. 어디까지나 '사람이 내뱉은 말을 믿지 말라.'고 주장할 뿐입니다.

악의를 가지고 거짓말을 하는 사람은 드뭅니다. 오히려 좋은 마음에서 잘못된 말을 내뱉는 경향이 있습니다. 자신이 그렇다고 믿는 탓에 더더욱 틀린 주장을 당당하게 늘어놓는 것입니다.

예를 들어 북한 문제에서도 자칭 전문가들이 마치 어제 김정은과 인터뷰를 하고 온 것 같은 얼굴을 하고서 북한의 향후 동향에 대하여 득의양양하게 늘어놓습니다. 이 사람들은 본인이 이야기를 지어낸다는 자각은 하지 못할 것입니다.

좋은 사람이라도 거짓 정보를 말할 수 있다

앞서 말한 두 권의 베스트셀러에서 얻은 교훈은 '사람은 믿되 정보는 의심하라.'는 삶의 철칙입니다. 아무리 좋은 사람이라도 잘못된 말을 입에 올릴 가능성은 있습니다. 그러니 사람이 아니라 정보를 의심하면 되는 것입니다.

세상에는 사람이 하는 말을 믿으면 오히려 불필요한 의심을 하게 된다는 패러독스가 존재합니다.

예를 들어 상사나 동료가 "A씨는 인간성이 최악이다."라고 말하는 것을 듣고서 정보를 의심하지 않은 채 그대로 받아들이면, 실제로 자기가 직접 확인한 증거는 하나도 없는 채로 A씨를 의심의 눈초리로 바라보게 됩니다.

원래대로라면 '저 사람은 A씨에 대해 나쁘게 말하지만 정말로

어떤 사람이라도 틀린 정보를
입에 올릴 수 있습니다.

그런 사람인지는 다른 의견도 들어봐야 한다.'라고 생각해야 마땅합니다. 이것이 정보를 의심한다는 태도입니다.

나이브한 사람은 바보 취급을 받는다

나이브naïve는 원래 프랑스어로 '잘 속는 사람, 순진한 사람'이라는 의미입니다. 그런데 일본에서는 '순수하고 섬세한'이라는 좋은 의미로 쓰입니다.

아마 어떤 일본인이 해외에서 "당신은 나이브하다."는 말을 듣고('사람이 좋은 데에도 정도가 있다.'라고 바보 취급을 당하고서) "그건 착하고 섬세하다는 뜻이에요."라고 얼버무린 변명을 그대로 믿어 버린 결과 오역이 정착하게 된 것이 아닌가라고 추측합니다.

나이브라는 단어의 오역이 정착된 현실 자체가 일본인의 나이브함을 적나라하게 보여주는 듯한 기분이 들지 않을 수 없습니다.

나이브한 인간은 바보 취급을 받고 호구가 될 뿐입니다. 반복해서 말하지만 정보를 의심하는 태도를 가질 필요가 있습니다.

권위자가 하는 말이라도
무조건 믿지 마라

노벨상 수상자 = 교육의 권위자?

우선 권위에 대해 순진한 태도를 버리길 바랍니다.

일본에서는 노벨상을 수상한 과학자가 교육 문제 관련 심의회의 최고 지위에 앉는 일이 있습니다. 그런데도 언론에서 "저 사람은 연구자로서 뛰어날 뿐이지 교육 전문가가 아닌데 어째서 교육 행정에서 결정권을 쥐게 된 것인가?" 하고 비판하지 않으니 이상한 일입니다. 당사자인 수상자도 "나는 교육 행정에 정통한 사람이 아니다." 하고 사퇴하지 않고 신나서 준비된 자리에 앉아 있으니 대체 어떻게 된 일일까요?

언론은 노벨상을 수상한 순간 그 연구자가 마치 전지전능한 사람이라도 되는 것처럼 취급합니다. 국민들도 야단법석을 떨면서 잔뜩 띄워 줍니다. 그리고 아무런 줏대도 없이 교육 행정에 관여하여 생각나는 대로 이런저런 말을 주워섬기면서 어린이들의 소중한 미래를 좌지우지합니다.

냉정하게 생각해 주십시오. 야구에서 최고 성적을 올렸다고 해서 이치로 선수에게 축구 감독을 맡기려는 사람은 없을 것입니다.

권위를 맹신하면 몹시 위험하다

"일본의 과학 기술은 중국을 압도한다."라고 주장할 때는 노벨상 수상 경력을 인용하여 표시합니다. 그러나 노벨상은 20~30년 정도 지난 업적에 대하여 주어지는 영예입니다. 즉 20~30년 전 일본의 과학 기술이 중국을 압도했다는 이야기일 뿐이지, 현재의 기술차를 나타내는 증거가 될 수는 없습니다.

실제로 해외의 일류 잡지에 게재된 학술 논문 숫자로 말하자면 이미 중국은 미국과 어깨를 견주고 있고 일본은 뒤처졌습니다.

일본은 10위로 벌써 한참 전에 중국에게 추월당했습니다.

이야기를 다시 주제로 되돌려서 말하자면, 노벨상 학자가 하는 말 또는 도쿄 대학교 교수가 하는 말이라고 해서 전면적으로 신뢰하는 것은 너무 위험합니다.

도쿄 대학교 교수 중에도 교수가 된 이후 논문을 한 편도 쓰지 않고 새로운 학문을 배우지도 않은 채로 자리에 눌러 앉아 버린 사대단한 사람들이 하는 말도 한 번 의심해 보세요.

람이 있습니다.

해외에서는 교수 지위에 오르는 것이 연구의 출발선이지만 일본에서는 교수가 되는 것 자체가 목표가 되어 있습니다. 오히려 조교수가 훨씬 열심히 공부를 합니다. 하지만 교수 쪽이 권위 있는 자리이고 주위에서도 그런 권위를 믿기 때문에 발언력이 클 뿐입니다.

대학 교수나 연구원이 하는 말이라고 해서 무조건 옳다고 단정할 수는 없습니다. 권위 있는 사람에게 그럴듯한 이야기를 들었을 때는 "맞아 맞아!" 하면서 곧바로 납득하지 말고 다른 학설이 없는지 알아보는 자세를 갖추는 것이 중요합니다.

어른이 된 후
다시 공부하는 것의 가치

왜 일본 대학은 해외에서 인기가 없는가?

교육은 초등학교에서 행하는 초등 교육과 중·고등학교의 중등 교육, 이어서 대학 등의 고등 교육으로 크게 나눌 수 있습니다. 초·중등 교육에서는 지식을 차곡차곡 쌓거나 기술을 몸에 익히는 것에 중점을 두는 것이 전 세계적인 경향입니다.

세계의 교육 정책은 본디 일본의 교육 제도를 모방한 것입니다.

일본의 초·중등 교육은 영국이나 미국, 아시아 각국의 교육 본보기로서 세계에서 높은 평가를 받아 왔습니다.

문제는 대학 교육입니다. 일본에서는 대학에 입학한 이후에도 초·중등 교육의 연장선으로 주입식 교육을 행합니다. 결과적으로 '지식을 많이 가진 사람 = 현명한 사람'으로 간주하게 되었습니다.

퀴즈 방송 등을 보면 어려운 한자를 읽는 법이나 해외 위인 이름을 아는 사람 등이 인텔리 연예인으로 인정받곤 하는데, 이 또한 마찬가지 원리입니다.

그런데 다른 많은 나라에서는 고등 교육에서 생각하는 방식을 가르칩니다. 지금까지 쌓아 온 기존 지식을 의심하거나 다른 학설을 연구하는 등 본인의 생각을 주장할 수 있도록 만드는 교육에 중점을 둡니다.

일본 대학에 유학생이 모이지 않고 일본 대학이 세계적으로 순위가 낮은 것은 사실 이러한 교육 내용 때문이라고 생각합니다.

'그런 거구나!'로 끝내지 않는다

이케가미 아키라의 이해하기 쉬운 뉴스 해설은 대중에게 인기가 있습니다. 프로그램 이름이나 책 제목에도 쓰이듯이 이케가미 아키라의 해설은 '그런 거구나!' 하고 무릎을 칠 만한 내용이라는 평가를 받습니다.

저 또한 이케가미 아키라의 해설은 매우 이해하기 쉽다고 생각하며, 지식이 풍부한 점에 감탄합니다.

다만 정보를 수신하는 쪽의 태도가 '그런 거구나!'에 머문다면 그것은 중등 교육을 벗어나지 못한 수준이라고 생각합니다. 대학까지 졸업해 놓고 '그런 거구나!'는 너무한 반응입니다.

진정한 의미에서의 고등 교육을 받은 사람이라면 이케가미 아키라의 해설을 듣고 나서 '그런 주장도 있지만 그 외에도 다른 학설이 있을지 모른다.'고 생각하거나 스스로 알아볼 것입니다.

독학으로 다시 고등 교육을 하자

본인의 의견을 주장할 수 있는 인재를 키우기 위하여 대학입시에서 면접이나 종합평가를 도입한다는 주장이 있습니다. 그런데 이는 매우 의문스러운 제도입니다.

예를 들어 하버드 대학에서는 입학 사정관이 면접을 해서 대학 교수에게 반항할 것 같은 유형의 학생을 일부러 입학시키는 제도가 있습니다. 교수가 시키는 대로 할 것 같은 학생보다 교수를 비판할 수 있는 성격의 인재를 입학시켜야 논의가 심화되어서 학문이 발전한다고 인식하기 때문입니다.

한편 일본의 대학입시에서는 대학 교수가 시험관 역할을 담당합니다. 대학 교수가 일부러 자신에게 반항할 것 같은 학생을 합격시킬 거라고는 도저히 기대할 수 없습니다.

안타깝게도 대학 등에서 고등 교육을 배울 기회가 없었던 사람이라 해도 아직 늦지 않았습니다. 독학으로 고등 교육을 시작해 보세요.

예를 들어 뉴스에서 "고령자의 자동차 운전은 위험하다.", "청소

년 범죄가 늘고 있다."는 말을 들으면 '그렇구나!' 하고 납득하지 말고 스스로 조사하는 습관을 들여 보세요.

인터넷을 사용하면 고작 몇 분 안에도 많은 일을 알아낼 수 있습니다.

어느 것이 정답인지는 모르더라도 적어도 여러 가지 학설이 있다는 것 정도는 알 수 있습니다.

물론 서적 등을 읽고 다양한 관점에서 이해의 깊이를 더하는 것도 좋겠지요.

SNS 등을 통하여 발언하는 것도 좋습니다.

'문외한이니까…' 하고 위축될 필요는 없습니다. 원래 누가 어떤 입장에서 발언해도 좋은 자리이니까요.

이케가미 아키라의 해설을 들을 때도 어디까지나 표준 학설을 알았다고만 생각하세요. 성인이라면 다른 학설이 없는지 알아보는 능력도 갖춰야 합니다.

하나의 주장을 들으면
다른 의견은 없는지 확인해 보세요.

지나간 일은 누구도 바꿀 수 없다.
미래의 시나리오는 자신이 하기 나름이다.

9

'과거에는 어땠나?'라고 생각하지 말고
'지금은 어떤가?'라고 생각하세요.

과거는 바꿀 수 없지만,
미래는 어떻게든 바꿀 수 있다

인생의 시나리오는 무한이다

실연을 했을 때나 사업에 실패했을 때 등 누구라도 기분이 우울해서 아무것도 손에 잡히지 않는 시기가 있습니다.

'이제 저런 멋진 사람과는 두 번 다시 만날 수 없겠지.'

'내 인생은 이제 끝났어. 이제 와서 다시 시작하는 건 힘들어.'

막다른 골목에 몰린 듯한 기분이 되어서 절망감에서 헤어 나올 수 없게 됩니다.

하지만 사실 인생에는 수만 가지의 시나리오가 있습니다. 과거의 시나리오는 오직 한 가지뿐이고, 아무리 노력해도 바꿀 수 없습니다.

하지만 미래의 가능성은 무한합니다. 어떤 시나리오를 쓰건 자유입니다.

예를 들어 전철역까지 걸을 때 A길을 갈 것인가, B길을 갈 것인가. 이런 결정과 선택도 인생의 시나리오를 써 나가는 행위 중 하나입니다.

A길을 고르면 우연히 고등학교 동창과 재회하여 새로운 교제로 발전해 나가게 될지도 모릅니다. 그전까지 극적인 일이 일어나지 않았다 하더라도 인생에는 다양한 시나리오가 있어서 미래는 자신이 하기 나름으로 바꿀 수 있습니다. 그러기 위해서는 지금 자신의 행동에 주목해야 합니다.

지금 노력하는 것이 중요하다

만일 도쿄 대학교 합격을 목표로 삼는다면 가이세이 고등학교를 졸업하건 다른 고등학교를 나오건 도쿄 대학교에 합격하기만 하면 어떤 과거도 정답이었다고 말할 수 있습니다.

가이세이 고등학교를 목표로 삼았다가 입시에 실패한 학생이라면 당장은 절망적인 기분이 들겠지만 결코 미래가 닫힌 것은 아닙니다.

저는 최하위 성적으로 가이세이 고등학교에 진학하는 것보다 다른 고등학교에 상위 성적으로 입학하는 편이 좋다고 생각합니다.

물론 가이세이 고등학교에서 하위권 성적이지만 열심히 공부하여 도쿄 대학교에 입학하는 사람도 있겠지만, 개중에는 하위권 성적으로 인해 우울해져서 공부의 동기를 잃은 채로 고교 시절을 보내는 사람도 있습니다. 그럴 바에는 다른 고등학교에서 상위권을 유지하는 편이 도쿄 대학교에 합격할 확률이 높아집니다.

그리고 아시다시피 인생의 목표는 도쿄 대학교 입학이 아닙니다. 최종적으로 행복해진다는 목표를 달성할 수 있다면 도쿄 대학교를 졸업하건, 전혀 다른 루트의 인생길을 걷건 문제가 없습니다. 도쿄 대학교는 어디까지나 수단이지 목적이 아닙니다.

과거에 매달리는 사람일수록 한 가지 실패에 매달려서 지금의 자신을 소홀히 여기기 쉽습니다. 그러나 과거보다 현재를 중시해야 다양한 일에 도전하려는 의욕도 솟아오르고, 실패를 두려워하지 않게 됩니다.

현재에 집중하면
과거는 어쨌든 좋아집니다.

생각하는 방식은 바꾸어도 좋다

자신의 발언에 얽매이는 사람들

과거에 집착하는 사람은 자신의 과거 발언이나 행동에 심하게 얽매여 스스로를 옭아매기 쉽습니다.

예를 들어 과거에 "24시간을 일에 바치지 않는 인간에게는 중요한 업무를 맡길 수 없다."라고 말한 적이 있는 사람은 가족의 간병 등에 직면하여 일하는 시간이 한정적이 된다는 사실을 알게 된 순간 예전에 본인이 내뱉은 말에 얽매이고 맙니다.

24시간을 일에 바치지 못하는 자신은 가치가 없다고 생각해 버리는 것입니다. 개중에는 일과 간병의 양립을 포기하고 은퇴를 선택해 버리는 사람도 있습니다.

하지만 시대는 바뀌고 있습니다.

향후 베이비 붐 세대가 대부분 후기 고령자에 진입하게 되면 간병이 필요해지는 사람의 숫자가 증가할 것이 확실시됩니다. 이들의 자식 세대가 모조리 부모님의 간병을 이유로 은퇴해 버리면 회사 업무가 제대로 돌아가지 못하게 됩니다.

이 때문에 간병 리스크에 대비하여 각종 제도를 충실하게 완비하는 기업이 늘어나고 있습니다. 이제 시간이 조금 더 지나면 당연하다는 듯이 간병과 일을 양립하는 사람이 늘어날 것입니다.

시대와 함께 일하는 방식이나 가치관은 달라지는 것입니다. 과거에 매달려서 본인의 삶의 방식을 괴롭게 만들 필요는 없습니다.

비토 다케시의 날카로운 발언

젊은 사람은 대부분 늙고 쇠약한 노년층을 보면 다음과 같이 말합니다.

"병석에 드러눕는 신세가 되어서까지 장수하고 싶지는 않다."

"나는 그렇게까지 삶에 집착할 생각은 없다."

하지만 실제로 본인이 병석에 드러누운 상태가 되면 대부분의 사람이 그래도 살고 싶다고 생각할 것이 틀림없습니다.

제가 한 텔레비전 방송에 비토 다케시와 함께 출연했을 때, 다케시 씨가 아주 인상적인 이야기를 했습니다.

"선생님, 병석에 드러누워서까지 살고 싶지 않다는 말은 거짓말이에요. 왜냐하면 저희 어머니는 '내가 병석에 눕게 되면 다케시가 나를 죽여 줘야 해.'라고 되뇌였는데 막상 정말로 병석에 눕게 되니까 '다케시, 의사 선생님께 제대로 감사하다고 했어?'라고 말씀하시더라고요."

인간의 본질을 날카롭게 지적한 말이었습니다. 아마 실제로 모자간에 비슷한 경험을 했겠지요.

사람의 상상력에는 한계가 있습니다.

본인이 노인이 되었을 때의 일을 상상하는 것은 불가능한 일이고, 실제로 고령자가 되면 현재의 자신은 생각지도 못한 주장을 할지도 모릅니다.

이처럼 사람의 생각은 시대나 나이에 따라 크게 달라지니 일일이 과거의 발언에 얽매이지 않아도 됩니다. 과거는 과거, 현재는 현재. 이런 자세를 견지해야 평온하게 살아갈 수 있습니다.

나이에 따라 생각하는 방식이 바뀌는 것은
당연한 일입니다.

직함에 휘둘리지 마라

권위를 존중하는 사람들

과거에 집착하는 사람은 직함에도 집착합니다. 도쿄 대학교를 졸업한 사람은 몇 십 년이 지나더라도 무조건 머리가 좋을 거라고 가정하는 것이 전형적인 예입니다.

학자의 세계에서 사회적 권위로 이름이 높은 것은 뭐니 뭐니 해도 노벨상입니다.

일본에서는 노벨상 수상자가 나온 순간부터 해당 연구자에게 절대적인 권위를 부여하며 영웅 대접을 합니다.

물론 수상할 만한 연구를 한 것이니 연구가 주목받고 평가받는 것은 좋은 일입니다. 그러나 수상 후에 이렇다 할 연구 결과를 발표하지 않고 과거의 영광에 매달려서 살아가는 연구자도 있습니다.

이미 연구자로서는 권위와 열정을 잃었는데도 노벨상 수상자라는 것만으로 언제까지나 칭송받으니 본인은 공부를 전연 하지 않고도 꼿꼿한 태도를 유지합니다.

뿐만 아니라 노벨상을 수상한 학자라는 권위를 내세워서 마치 만능인이 된 것처럼 교육이나 행정에 당당하게 개입하는 사례도 있습니다.

만일 주간지에서 노벨상을 수상한 학자의 불륜 의혹을 보도한다면 일변하여 여론이 비난의 폭풍을 보낼 것입니다.

"권위 있는 노벨상 수상자가 불륜이라니 당치도 않은 일이다."

이런 식으로 텔레비전 와이드쇼 등에서 흥밋거리 삼아 비아냥거리며 연일 보도하지 않을까요? 본래대로라면 연구자의 인격에 문제가 있더라도 연구의 가치 자체는 흔들리지 않지만 세상은 그렇게 받아들이지 않습니다.

모두 연구의 내용 따위는 아무래도 좋고 그저 권위만 문제 삼는 것입니다.

직함보다 데이터를 믿는다

대학 교수 중에도 교수가 되기 전까지는 나름대로 연구를 깊이 했지만 교수가 되고 나면 지위에 안주해서 눌러앉아 버리는 사람이 있습니다.

수십 년이 지나면 눈 뜨고 볼 수 없을 정도로 지적으로 퇴화해 버립니다. 그러한 대학 교수의 직함을 믿는 사람이 바보이지요.

직함을 믿는 사람은 오로지 직함만 봅니다. 그래서 직함을 가진 사람의 주장은 모두 올바른 것으로 받아들이고, 직함이 없는 사람의 주장은 속설로 간주합니다.

반대로 말하자면 훌륭한 직함이 있는 사람은 대단한 근거도 없이 속설을 당당하게 주장합니다. 데이터가 잘못되었더라도 권위가 있으면 믿는 사람들이 지지를 보내기 때문입니다.

이에 반하여 직함이 없는 사람이 자기 의견을 주장하려면 제대로 된 데이터를 준비해야 합니다. 저는 그래서 결과적으로 직함이 없는 사람 쪽에서 데이터를 기반으로 사물을 논하는 경우가 많다고 느낍니다.

중요한 것은 권위에 현혹되지 않고 스스로 올바른 정보를 확인하는 것입니다. 병에 걸리면 다른 병원이나 의사의 자문을 받아 보거나 아는 사이인 의료 관계자에게 의견을 타진하는 등 할 수 있는 일을 합니다.

현재로서는 도쿄 대학교 의학부 교수 직함보다 해외의 임상 의학 잡지에 게재된 논문 쪽이 더 도움이 됩니다.

세상은 실제로 발언한 내용보다 발언한 당사자를 중요하게 생각합니다. 하지만 누구의 발언이건 틀렸다고 생각되면 자기 나름대로 뒷받침할 증거를 찾을 필요가 있습니다.

지위로 사람을 판단하는 것은
실수의 근원입니다.

자존심을 버리면
삶이 홀가분해진다

다재다능한 인기 스타

젊은 독자 중에서는 모르는 사람도 있을지 모르지만 제가 어린 시절부터 스타 문화인이었던 인물 중 하나로 아오시마 유키오라는 사람이 있습니다.

아오시마 유키오는 와세다 대학을 졸업하고 개국한 지 얼마 되지 않은 텔레비전 업계에 들어와 방송작가로서 경력을 쌓기 시작했습니다.

아오시마는 「어른의 만화」, 「비누방울 홀리데이」라는 인기 텔레비전 방송의 구성을 담당하며, 직접 방송에 등장하여 "아오시마다!" 개그를 선보이며 인기를 얻었습니다.

아오시마는 실로 재능이 다양했습니다. 작사가로도 활약하며 우

에키 히토시의 노래 중 일세를 풍미한 히트곡 「스다라부시」를 작사했고, 그 밖에도 처음으로 집필한 소설 『인간만사 새옹지마가 병오人間万事塞翁が丙吾』로 나오키 상을 수상했습니다. 텔레비전 드라마 「심술쟁이 할머니」에서 주인공인 할머니 역할을 연기하는 등 배우로서도 활약하여 영화의 제작·각본·감독·주연을 해내는 등 슈퍼 멀티 탤런트로서 시대를 이끌어 나갔습니다.

정치인에서 다시 연기자가 되다

사실 아오시마의 경력은 여기서 그치지 않고 1968년 참의원 선거에 입후보하여 당선되었습니다. 탤런트 의원으로 종횡무진하며 정치 활동에 종사하는 한편 텔레비전 정보 방송의 사회자로서도 수년간 활약을 이어갔습니다.

이후 1995년에 참의원을 사직하고 도쿄 도지사 선거에 출마했습니다. 역시 당선되어, 개최가 예정되어 있던 세계 도시 박람회를 중지하겠다고 출마 시에 내걸었던 공약을 실행했습니다.

아오시마에 대한 도지사로서의 평가는 대체로 낮고 1기 4년으로 물러나기까지 이렇다 할 만한 성과는 남기지 못했습니다. 다만 제가 감탄한 부분은 도지사로서 퇴임한 이후 다시 한 번 텔레비전 드라마 「심술쟁이 할머니」에 배우로 컴백한 것입니다.

당시 제 아내가 "도지사를 그만두고 나서 「심술쟁이 할머니」로 다시 돌아온다면 좋을 텐데…." 하고 말한 적이 있었지만 정말로 그대로 될 거라고는 생각지도 못했기 때문에 상당히 감동받았던 기억이 있습니다.

과거에 매달리지 않는 당당함

지금까지 아오시마 유키오의 긴 이력을 살펴보았습니다만, 제가 감탄한 부분은 그가 도지사를 경력의 집대성으로 삼지 않았다는 것입니다.

아오시마가 말년에 시도한 것 중에는 성공했다고 말할 수 없는 것이 많지만, 그는 적어도 마지막까지 뭔가를 하려고 했습니다. 저는 젊은 나이에 성공했지만 아무것도 하고 싶은 일이 없는 쓸쓸한 말년을 보내는 사람보다 아오시마와 같은 삶의 방식에 공감하게 됩니다.

과거에 매달리지 않으면
언제든지 다시 도전할 수 있습니다.

 이 책은 사람들에게 삶의 방식을 강요하고자 쓴 것이 아닙니다. 조금이라도 살아가는 데 도움을 주기 위해서 제가 지금까지 겪어 온 삶의 경험과 정신과 의사로서의 체험에서 얻은 힌트를 늘어놓았습니다.
 이 책은 스스로를 다지는 마음으로 쓴 부분도 있어서 여기서 말하는 아홉 가지 생각 패턴은 저로서도 노력해야 할 목표입니다.
 지금 자기 삶의 방식에 만족하는 사람에게 이의를 제기할 생각은 없습니다. 다만 지금 자신과 인간관계, 업무 등에 만족하지 못하고 있다면 뭔가를 바꾸어야 인생이 잘 풀리기 시작할지도 모릅니다. 그럴 때 이 책이 도움이 된다면 좋겠습니다.
 제가 무엇보다 하고 싶은 말은 '해 보지 않으면 모른다.'입니다.
 책을 막 읽었을 때는 '맞아, 맞아!'라고 생각했지만 시도해 보니 생각보다 성과가 오르지 않는 경우도 있을 것이고, 책을 읽을 때는 납득하지 못했지만 시도해 보니 의외로 도움이 되는 경우도 있겠지요.

삶의 방식에 관한 책은 직접 시도해 보지 않는 한 단순한 지식에 불과하며, 도움이 되지도 않습니다.

이 책을 참고삼아 하나라도 시도해 보고 지금까지보다 조금은 살아가는 방식이 잘 풀리게 되었다, 행복해졌다, 편해졌다고 생각하게 된다면 더없이 감사할 따름입니다.

나는 그렇게
살지 않기로
했습니다

초판 1쇄 인쇄 2019년 5월 24일
초판 1쇄 발행 2019년 5월 31일

지은이 와다 히데키
옮긴이 정연주

발행인 장상진
발행처 (주)경향비피
등록번호 제2012-000228호
등록일자 2012년 7월 2일

주소 서울시 영등포구 양평동 2가 37-1번지 동아프라임밸리 507-508호
전화 1644-5613 | **팩스** 02) 304-5613

ISBN 978-89-6952-340-2 03830

· 값은 표지에 있습니다.
· 파본은 구입하신 서점에서 바꿔드립니다.